Julius Köstlin

Luther und J. Janssen: der deutsche Reformator und ein ultramontaner Historiker

Julius Köstlin

Luther und J. Janssen: der deutsche Reformator und ein ultramontaner Historiker

ISBN/EAN: 9783744626613

Hergestellt in Europa, USA, Kanada, Australien, Japan

Cover: Foto ©ninafisch / pixelio.de

Weitere Bücher finden Sie auf **www.hansebooks.com**

Luther und J. Janssen,

der deutsche Reformator und ein ultramontaner Historiker.

Von

Julius Köstlin,
Professor an der Universität Halle-Wittenberg.

Zweite durchgesehene Auflage.

Halle.
Max Niemeyer.
1883.

Das vierhundertjährige Jubiläum der Geburt Luthers steht uns in diesem Jahre bevor. Die evangelische Kirche rüstet sich, den Tag festlich, wie sie es für recht hält, zu begehen. Eine unbefangene geschichtliche Forschung, die ihren eigenen echten Grundsätzen entspricht, hat in den letzten Jahrzehnten mehr als in den vergangenen Jahrhunderten auch an der Geschichte ihrer Reformation und ihres Reformators gearbeitet. Auch die menschlichen Schwächen und Einseitigkeiten desselben treten ihr darin vor Augen, und sie wird das Auge nicht hiegegen verschließen. Denn sie bedarf keines Heiligen oder heiligen Vaters, und ihr großer Reformator hat selbst stets bekannt, daß er ein armer, mit viel Schwäche und Sünde behafteter, der Vergebung und Gnade bedürftiger Mensch sei und daß sie nicht auf seine Autorität bauen, sondern selbständig auf Gottes Wort sich gründen müsse. Auch die Ultramontanen oder Päpstlichen aber haben schon eifrig angefangen, uns zu unsrer Feier beizusteuern. Seit lange ist von ihnen vor den Ohren der deutschen Protestanten nicht mehr so wie eben jetzt über Luther losgezogen und uns theils mit salbungsvollem Ton, theils mit offenem Hohne bemerklich gemacht worden, wie es mit der Person des zu feiernden in Wahrheit bestellt sei. Denn die geschichtliche Wahrheit wollen gerade sie erst ans Licht gestellt haben. Es ist einer, den sie in dieser Hinsicht bekanntlich als Meister proklamiren, Johannes Janssen mit seiner „Geschichte des deutschen Volkes seit dem Ausgange des Mittelalters" (Bd. 1—3), und die Wahrheit ist nach ihm kurz gesagt die, daß die Zeit vor unsrer sogenannten Reformation die religiöse, kirchliche und nationale Blütezeit Deutschlands gewesen und daß die frevelhafte Zerstörung dieser Blüte von dem unseligen Luther ausgegangen sei. Gleiches war früher mit Hülfe frecher Lügengeschichten vorgetragen worden, die jetzt auch von Janssen dadurch, daß er sie stillschweigend fallen ließ, für Lügen anerkannt sind, obgleich sie anderwärts, in dunkleren katholischen Regionen, noch immer verbreitet werden. Janssen dagegen erklärt laut und zuversichtlich: er gebe nur rein geschichtliche Thatsachen, aus Quellen, die auch wir für zuverlässig anerkennen müßten, mit Benutzung einer reichen, vorzugsweise gerade protestantischen Literatur. Gegen den Vorwurf, daß er vielmehr mit „raffiniertester Tendenz" und „systematischer Sophistik" sich seinen Stoff zusammengearbeitet habe, hat er gar nachdrücklich mit der Miene eines beleidigten ehrlichen Mannes protestiert. Er versichert noch mehr, als wir ihm hätten zumuthen mögen: nicht einmal eine Polemik gegen grobe protestantische Schönfärberei habe er sich zur Tendenz gemacht.[1]) So ist sein Buch in zahlreichen Anzeigen und Reklamen auch ohne jede Andeutung über den Standpunkt seines Verfassers den evangelischen wie katholischen Deutschen empfohlen worden; jeder „Gebildete" soll es laut der Anzeige des „illustrierten Weihnachtskatalogs" v. J. 1882 mit Freuden „auf seinem Weihnachtstisch begrüßen".

Vom übrigen Inhalte des Buches absehend möchte ich hier nur seinen Luther vornehmen und fragen, wie wir dieses Festgeschenk zu begrüßen haben. Wohl dürfte ich mit Janssen[2]) sagen, es „koste mich eine schwere Ueberwindung, meine Zeit zu polemischen Entgegnungen zu verwenden", und wer meine ganze bisherige schriftstellerische Thätigkeit kennt, weiß, daß ich hiezu niemals Neigung hatte. Aber durch meine bisherigen Arbeiten über Luther wird es mir zur Pflicht und durch den Umstand, daß meine größere und meine kleinere Lutherbiographie, deren erstere bei Janssen unter den von ihm benutzten Büchern mit aufgeführt ist, in neuer Auflage zu erscheinen im Begriffe sind[3]), wird es für mich speciell in diesem Augenblick unerläßlich, auch mit ihm mich auseinander zu setzen. Ich glaube im Interesse der Sache und im Dienste der Leser zu handeln, wenn ich dies jetzt hier zusammenhängend thue und ihnen den Janssenschen Luther als ein

---

[1]) Janssen, an meine Kritiker 1882 S. 3. 7.
[2]) a. a. O. S. 6.
[3]) Indem ich mich auf mein größeres Werk „Martin Luther, sein Leben und seine Schriften, 2 Bde." im Folgenden der Belege wegen mehrmals zu beziehen habe, citire ich neben der ersten Ausgabe auch schon die beinah im Druck vollendete zweite.

Ganzes vorführe. Dann wird ja auch jene Lutherbiographie nicht weiter durch Beziehungen auf einen solchen Historiker belastet werden müssen.

1.
Luther in seiner Entwickelung und Thätigkeit bis zum Jahre 1525.

Für die Beurtheilung eines großen Mannes und seines Wirkens ist an der vorangegangenen Geschichte seiner Eltern wenig gelegen. Doch hat Luther gegen die Seinigen den wärmsten Dank ausgesprochen, und dagegen haben die Papisten schon bei seinen Lebzeiten sich bemüht, das Gift, welches sie in ihm fanden, schon von seinen Eltern herzuleiten. So hat der päpstliche Nuntius Vergerius, welcher 1535 in Deutschland reiste, nach Rom berichtet[1]), daß nach Erkundigungen, die er über Luthers Jugend eingezogen, sein Vater einer der gemeinsten Tagelöhner in den Harzbergwerken und seine Mutter eine Bademagd von so schmutzigem Lebenswandel, als man nur irgend sagen könne, gewesen sei. Janssen, der diesen Bericht kennt, schweigt über ihn. Ein kleines Vorspiel jedoch von dem, was er nach seiner Art in Luthers Geschichte uns giebt, bietet auch er schon hier uns dar. Geschichtlich sicher ist bekanntlich soviel, daß der alte Luther, nachdem er erst in dürftigen Verhältnissen zu Mansfeld gelebt, dort bald zu einer sehr geachteten Stellung und einem Sitz im Magistrate gelangt ist; sein Sohn Martin konnte bezüglich seiner auch auf das Urtheil der Mansfelder Grafen, von denen ein Theil der römischen Kirche ergeben blieb, sich berufen. Daneben steht nur eine vereinzelte dunkle Andeutung in betreff seines früheren Lebens. Witzel nämlich äußert einmal im Jahr 1537 als erbitterter Gegner des Reformators in einem Brief: er könnte Luthers Vater einen homicida, also Mörder oder Todtschläger, nennen. Sonst hören wir darüber während Luthers Leben absolut nichts, und auch Vergerius hat nichts davon erfahren. Nachher nennt eine pseudonyme Schrift v. J. 1565 unsern Luther den Sohn eines homicida und zwar wieder ohne nähere Angabe und ohne jede Begründung.

---
[1]) Nunciaturbericht in Laemmer, Analecta Romana 1861 S. 128 ff.

Erst in einem Bergbaubericht v. J. 1702 vernehmen wir von einer Sage, daß Luthers Vater bei Möhra das Unglück gehabt habe, „einen Bauern mit seinen eigenen Pferdezäumen (von) ohngefähr todtzuschlagen", und sich deshalb ins Mansfeldische retiriert habe. Ich habe in einer Ausführung, die Janssen citiert, ohne von ihren Gründen etwas mitzutheilen, meine Zweifel darüber ausgesprochen, daß eine solche That des alten Luther bei den Lästerern des Reformators so unbekannt und unbenutzt geblieben, auch ihm trotz derselben jene Stellung in Mansfeld möglich geworden sein sollte; jedenfalls könnten wir nur an einen unvorsätzlichen Akt oder Aft der Nothwehr dabei denken[1]). Janssen aber[2]) macht nun aus dem, was wir zu Luthers Zeiten eben nur den einen Witzel ein einziges Mal sagen hören, ohne weiteres „eine allgemeine Sage", giebt ihr auch sogleich den konkreten Inhalt von todtschlagen mit Pferdezäumen und fügt ihr seinerseits noch bei, daß es im Jähzorn geschehen sei und daß Luther vorher ein Bauerngut in Möhra besessen habe, welches er nun habe preisgeben müssen; an Gründen dafür, daß der alte eine solche Besitzung hatte, fehlt es gänzlich, Gründe dagegen hatte Janssen in jener von ihm citierten Ausführung vor sich.

Unser Luther hatte, wie wir wissen, eine herbe Jugend und dann bessere Jahre als Schüler in Eisenach besonders durch die liebreiche Unterstützung der Frau Cotta. Der auch von Janssen angeführte Mathesius erzählt hierüber: „Als er daselbst eine Zeitlang vor den Thüren sein Brot ersang, nahm ihn eine andächtige Matrone (d. h. würdige, vornehmere Dame) zu sich an ihren Tisch, dieweil sie um seines Singens und herzlichen Gebets willen in der Kirche eine sehnliche Zuneigung zu dem Knaben trug". Sonst wissen wir noch, daß sie die Frau des angesehenen Kaufmanns und städtischen Patriziers Cotta war, gest. 1511; Gründe dafür, daß sie damals noch ziemlich jung war, habe ich selbst vorgetragen, worauf jetzt Janssen sich stützt. Wohl von ihr hat Luther das Wort vernommen: „Nichts liebers ist auf Erden, denn Frauenlieb, wem's kann werden"; er hat es in seiner deutschen Bibel als Randglosse gesetzt zu dem salomonischen Wort vom tugendsamen

---

[1]) Theol. Studien u. Kritiken 1871 S. 24; vgl. in meinem „Martin Luther, sein Leben u. seine Schriften Bd. 1 S. 21.
[2]) Janssen, Geschichte 2c. Bd. 2 S. 67.

Weibe, die edler ist denn Perlen und ihrem Manne Liebes thut (Sprüche 31, 10 ff.), hat es also sicherlich in gutem, reinem Sinn aufgefaßt. Eine unsaubere und auf unsaubere Leser rechnende Phantasie hat nun längst bei Vorgängern Janssens aus diesen Angaben Anlaß genommen zu schlimmen Deutungen jener Zuneigung und der Beziehungen, in welche Luther überhaupt hier gekommen sei. Janssen zieht nicht Folgerungen wie jene, stellt aber das ganze Leben Luthers zu Eisenach in folgenden Worten dar[1]: „In Eisenach trat, etwa in seinem siebzehnten Lebensjahre in seinen Verhältnissen plötzlich eine Wendung ein, als ihn Frau Cotta, eine junge adelige Dame, in ihr Haus aufnahm: dort lernte er das Leben von einer andern Seite kennen; übte Laute und Flötenspiel und hörte den Ausspruch: „Es giebt kein lieber Ding auf Erden, denn Frauenliebe, wem sie kann zu Theil werden." Er hat also die Charakteristik der Frau und die Motivierung ihrer Zuneigung in der einzigen Quelle, die wir dafür haben, verschwiegen, hat den so freundlich von ihr aufgenommenen Knaben, der nach Mathesius in seinem fünfzehnten Lebensjahr nach Eisenach gekommen war, gleich um zwei Jahre älter gemacht, hat ihn auch statt frommen Singens dort andere Musik treiben lassen, von der keine Quelle etwas sagt: denn was das Lautenspiel betrifft, so wissen wir zufällig sicher, und Janssen konnte das in meinem Buche lesen, daß Luther es erst als Student lernte, und darüber, daß Luther das Flötenspiel getrieben hätte, weiß wenigstens ich weder von damals noch von später etwas, und Janssen wird ebensowenig davon wissen. Janssen sagt einmal[2], er habe es absichtlich vermieden, persönlich die letzten Folgerungen aus seinen Mittheilungen zu ziehen, sondern das den Lesern überlassen. Ich will nicht weiter untersuchen, welche Folgerungen er aus den gegenwärtigen Mittheilungen von Andern gezogen haben wollte.

Von Eisenach aus bezog Luther die Erfurter Hochschule, um dort zur Jurisprudenz sich vorzubereiten und zunächst den philosophischen Kursus durchzumachen. Seine Richtung hiebei wird von Janssen[3] so charakterisirt: „Seine eigentliche Vorliebe galt den klassischen Studien; — die Klassiker betrachtete er, sagt sein Biograph (Melanchthon), als die Lehrer und Bildner seines

---

[1]) Geschichte ꝛc. B. 2 S. 68.   [2]) An m. Kritiker S. 5.
[3]) Geschichte ꝛc. B. 2 S. 68 ff.

Lebens". Weiter: Er sei in den Kreis der jüngern Humanisten eingetreten (wobei bemerkt wird, daß seine Beziehungen zu diesen zuerst von mir mit vollem Nachdruck betont worden seien). Mutian in Gotha, der hochverehrte Meister dieser Humanisten, habe unter die Wappen seiner Freunde, mit denen er sein Haus zierte, auch das Wappen Luthers gesetzt. Vorher hat Janssen dem Mutian und seinen Genossen eine Verachtung der Kirche beigelegt, der eine oft schrankenlose sittliche Ungebundenheit, besonders in geschlecht= licher Beziehung, entsprochen habe. Deßhalb sei gegen die jüngeren Humanisten in Erfurt bei allen ernsteren und strengkirchlichen Männern eine Scheu und Abneigung entstanden. Von Luther sagt er weiter: "er nahm an deren geselligen Vergnügungen gern An theil, liebte die Saujagd, das Ritterspiel, sang und musicirte". Auch hier überall eine eigenthümliche Verbindung von Unwahrheit mit Geschichtlichem. Denn was die Richtung dieser Humanisten anbelangt, so wußte Janssen jedenfalls aus dem von ihm viel be= nutzten Buch von Kampschulte, daß sie zur Zeit, wo der Student Luther mit ihnen verkehrte, noch im freundlichsten Vernehmen mit den bedeutendsten ernsten, gut kirchlichen scholastischen Lehrern Er= furts und in unanstößigem Rufe standen. Bezüglich des Verhält= nisses Luthers zu ihnen bin ich selbst früher zu weit gegangen; ich habe nicht beachtet, wie Luther in der ganzen älteren Corre= spondenz und Poesie derselben fast ganz unerwähnt bleibt. Das indessen ist schon von andern und auch von mir gezeigt und von Janssen nicht widerlegt, sondern ignorirt worden, daß seine Vor= liebe, was Wissenschaften anbelangt, doch gerade nicht auf die humanistischen Studien, sondern auf die Philosophie sich gerichtet hat, und daß er diese ganz getreulich in der damaligen scholasti= schen Weise betrieb. Von Mutian sodann weiß Janssen selbst an einer andern Stelle[1]), daß Luther noch im Jahre 1516 sich ihm gegenüber einen „Barbaren" genannt und ihn um seine Freund= schaft gebeten habe[2]), daß also die Angabe über jene Wappen gar nicht in jene Zeit gehörte. Von jenen Worten des Biographen Melanchthon hat Janssen sich eine Uebersetzung zurecht gemacht,

---

[1]) a. a. O. S. 90.

[2]) (Genauer war zu sagen, daß Luther (Briefe, herausgeg. von de Wette B. 1 S. 21) ihn damals als ein ihm erst seit Kurzem Befreundeter be= grüßt hat.

die er hoffentlich keinem angehenden Gymnasiasten ungerügt passiren lassen würde. Die lateinischen Worte derselben, die er nicht beifügt, besagen nämlich: Luther habe die lateinischen Klassiker nicht wie Knaben, die blos Wörter daraus entnehmen, sondern wie eine Lehre fürs menschliche Leben oder wie Bilder dieses Lebens gelesen (ut humanae vitae doctrinam et imagines), — also doch wohl so, wie es Janssen auch seinen eigenen Schülern wenigstens offizieller Weise zu empfehlen haben wird. Aus welcher Quelle endlich Saujagd und Ritterspiel stammt, wird wohl jedem Historiker, der mit dem Pfuhle der oben bezeichneten älteren papistischen Literatur nicht vertraut ist, unerfindlich bleiben.

Als dann Luther in Folge von Gewissensängsten, in die er auch nach Janssen aus seiner fröhlichen Laune doch oft plötzlich verfiel, jedoch nach J. nur vermöge eines krankhaften inneren Zwiespaltes und nicht aus wahrem Beruf ins Kloster gieng, war es, wie Janssen sagt, für seinen bisherigen Studiengang bezeichnend, daß er von allen seinen Büchern nur zwei heidnische Dichter mitgenommen habe. Er findet es gar verwunderlich, daß Luther, wie dieser selbst „schreibe", mit zwanzig Jahren noch keine Bibel gesehen haben sollte, während es ihm doch jedenfalls auf der Erfurter Universität an Gelegenheit, die Bibel kennen zu lernen, nicht gefehlt habe. So redet Janssen, während die angeblich geschriebenen Worte Luthers nur eine unsicher überlieferte und in ihrer Zahlangabe unbestimmte Tischrede Luthers sind, und während er anderes, was ihm in dieser Hinsicht für Luthers Geschichte vorlag, stillschweigend bei Seite läßt. Der ihm wohlbekannte Mathesius nämlich, der aus Luthers eigenem Mund erzählen konnte, berichtet ja, daß Luther freilich schon auf jener Bibliothek die Bibel vorfand, aber noch vergeblich sich wünschte, eine zu eigen zu bekommen. Und an eben derselben Stelle, wo Janssen vom mitnehmen der beiden heidnischen Dichter las, konnte er gleich im nächsten Satz, den er übergeht, von dem Eifer lesen, mit welchem Luther dann im Kloster eine ihm hier geliehene Bibel immer und immer wieder durchgenommen und seinem Gedächtniß eingeprägt hat.[1])

---

[1]) a. a. S. 69; vgl. die dort citirte Stelle bei Seckendorf hist. Luth. I, 21; dazu in meinem „Martin Luther, sein Leben rc." B. 1 S. 60. 65 (2. Aufl. S. 61. 65) mit den dort angeführten handschriftlichen Quellen.

In Luthers Klosterleben haben auch persönliche Feinde des Reformators, wie Janssen weiß, die Strenge seines Wandels anerkannt. Luther selbst hat uns geschildert, wie er damit doch im Bewußtsein der steten eigenen Unreinheit nicht zum Frieden habe durchdringen können, bis er namentlich durch den Ordensvikar Staupitz zur Erkenntniß der vergebenden Gottesliebe und des wahren Heilsweges gelangt und weiter darin durch eigene Schriftstudien gefördert worden sei. Dagegen belehrt uns Janssen, daß Luther schon aus jedem religiösen Unterrichts- oder Erbauungsbuch hätte erfahren müssen, wie die Kirche eben den Heiland Christus zum Grund aller Gerechtigkeit und seine Gnade zum Princip eines gottesgefälligen Lebens gemacht habe. Wir können auf die Frage, ob Janssens allgemeine Aussagen über die damals herrschende Lehrweise und religiöse Literatur zuverlässiger als seine speziellen Aussagen über Luther sind, hier nicht weiter eingehen. Aber gar verwunderlich, um einen Janssen'schen Ausdruck zu gebrauchen, wird uns mindestens das sein dürfen, daß ein Luther, der jene Unterrichts- und Trostmittel verschmähte, dann doch im Kloster so innig des Ordensvikars Staupitz Worte in sich aufgenommen und zeitlebens ihm als dem Retter seiner Seele Dank gesagt hat. Janssen hat freilich das Seinige gethan, seinen Lesern eine solche Verwunderung zu ersparen: denn er hat von dem ganzen herzlichen Verhältniß zwischen Luther und dem seiner katholischen Kirche treu ergebenen Ordensvikar vollständig geschwiegen: ganz unvermittelt und unerklärt steht seine Angabe da, daß Luthers spätere Berufung nach Wittenberg durch Staupitz veranlaßt worden sei. Geschwiegen hat Janssen auch weiterhin von jener eifrigen Bibellektüre Luthers im Kloster. Die innere Umwandlung, die jetzt mit diesem vorgieng und den Grund zu seinem künftigen Wirken in ihm legte, erklärt er vielmehr einfach daraus, daß bei dem krankhaften „Skrupulanten" Luther, der durch eigene Kraft von Sünden frei werden und in sich nur Sünde habe sehen wollen, dieser Zustand „zu einem Rückschlag führen mußte", in welchem er auf ein Seligwerden durch Glauben allein verfiel.

Daneben erhebt Janssen gegen ihn den meines Wissens noch von keinem nennenswerthen katholischen Forscher oder Kämpfer aufgebrachten Vorwurf: „der schlichte Gehorsam gegen die Regel seines Ordens gieng ihm ab"; er habe nämlich aus leidenschaftlichem Hang zum Studieren oft wochenlang die vorgeschriebenen Gebete versäumt und nachher im Streben, sie nachzuholen, sich so sehr kasteit, daß er fast in Geiteszerrüttung verfallen sei.¹) Hätte aber Janssen die sonst von ihm citirten Hülfsmittel oder nur wenigstens die von ihm benutzte gewöhnliche deutsche Ausgabe der deutschen Tischreden Luthers treulich verglichen, so hätte er gemerkt, daß der Vorgang gar nicht in sein Erfurter Klosterleben, sondern erst in die Zeit fällt, „da das Evangelium angegangen war", d. h. in die ersten Jahre seines reformatorischen Kämpfens, wo er andere Pflichten des Amtes und Berufes allerdings schon für wichtiger als die Regeln des Klosters hielt, aber doch auch diesen unter aller Last der Berufsarbeit noch nachkommen wollte und darüber einen ganz „dämischen Kopf" bekam.²) Das angebliche Zeugniß für Luthers Ungehorsam im Kloster ist so vielmehr ein Zeugniß für eine übergroße Gewissenhaftigkeit, womit er auch später noch bei innerer Freiheit die äußerlichen Satzungen sich gefallen ließ, wie er denn auch), nachdem er schon die Fastengebote für nicht verbindlich erklärt hatte, doch lange Zeit noch selbst sich des Fleischessens in der Fastenzeit enthielt. Als ein solches Zeugniß freilich hätten dann die Worte bei Janssen keinen Raum finden können. Denn diese ganze Seite im nachfolgenden Verhalten des Reformators gehört zu dem Vielen, wovon Janssen schweigt.

Indem wir so in der Erzählung von Luthers Vorbildung zum Reformator den einzelnen Schritten unseres Geschichtsschreibers nachgingen, haben wir überall geschichtliche Züge entstellt, ungeschichtliche eingetragen gefunden. Nicht anders verhält es sich mit dem Bilde des Reformators als solchen. So zeigt sich's uns schon genügend, wenn wir Janssen weiter durch die erste Periode, von Luthers Thesenanschlag bis zum Wormser Reichstag, begleiten. Manches mag da bei ihm Unwissenheit sein, manches Misverstand und Folge oberflächlichen Lesens und Excerpirens; sehen wir aber, auf welches Gesammtbild alle die einzelnen falschen Momente gemeinsam hinlaufen und hinzielen, so müssen wir doch immer wieder fragen, wie das möglich war ohne eine allgemeine und consequente Tendenz des Geschichtsschreibers selbst.

¹) Geschichte ɾc. B. 2 S. 71.
²) Tischreden in der Erlanger Ausg. von Luthers Werken B. 59 S. 10, bei Förstemann B. 2 S. 236; Weiteres darüber und über die Quellen: Martin Luther ɾc. B. 1 S. 118 f. 121. 599 (2. Aufl. S. 151. 125. 597).

Wer die 95 Thesen Luthers, diesen Beginn des reformatorischen Kampfes, unbefangen lieſt, dem muß nothwendig dieß auffallen: der Reformator, dem man römischerseits Mangel an ſittlichem Eifer und Geringschätzung, ja Verachtung wahrhaft guter Werke oder ſittlicher Früchte vorwirft, eifert hier gerade im ſtreng ſittlichen Intereſſe gegen eine im Ablaßweſen eingeriſſene heilloſe ſittliche Laxheit. Was die Vergebung der Schuld durch Gott betrifft, die man nach ihm allerdings nur aus Gnaden durch Glauben, d. h. herzliches Vertrauen zu Gott, erlangen konnte, ſo proteſtiert er in den Theſen nur dagegen, daß man eben ſie im Ablaß empfange. Weiter proteſtirt er dagegen, daß man diejenigen Strafleiſtungen, welche die Kirche den Bußfertigen noch nach Empfang der Abſolution auflegte, der von Gott verhängten Pein und Zucht gleich ſetze und auch von dieſer durch Ablaß los werden wolle. Aber gerade er dringt auf die Werke wohlthätiger Liebe, deren Uebung beſſer, als aller Ablaß ſei; gerade er erklärt, daß ein wahrhaft Bußfertiger die heilſamen Strafen, denen man durch Ablaß ſich entziehen möchte, vielmehr ſuche und liebe, und daß die Chriſten, ſtatt, wie die Ablaßkäufer, eines falſchen Friedens ſich zu getröſten, vielmehr durch Pein und Tod ihrem Haupte Chriſtus in den Himmel folgen ſollten.[1]) Von dieſem ganzen Inhalt der Theſen läßt Janſſens Darſtellung keine Ahnung aufkommen. Er ſagt vielmehr nur: nicht vorzugsweiſe die mißlichen Mißbräuche des Ablaßweſens haben Luthers Vorgehen veranlaßt, ſondern die ſeinen Anſchauungen über Rechtfertigung und Unfreiheit des menſchlichen Willens entgegenſtehende kirchliche Lehre von den guten Werken überhaupt.[2]) — Er fügt bei[3]): „den tiefern Grund ſeines Auftretens andeutend, ſchrieb Luther ſpäter an Tetzel: „er ſolle ſich unbekümmert laſſen, denn die Sache ſei von ſeinetwegen nicht angefangen, ſondern das Kind habe viel einen andern Vater."" Ich weiß nicht, was er ihm hiemit für andere weitere Motive unterſchieben will; aber verſchwiegen hat er, daß wir den Brief, aus dem dieſe Aeußerung genommen iſt, gar nicht mehr haben, ſondern nur bei Luthers Feind Emſer davon hören. Und ſo weit wir bei

---

[1]) Vgl. die Theſen ſelbſt in allen Ausgaben von Luthers Werken, auch in Rankes Deutſcher Geſchichte ꝛc. B. 6 (namentlich die Theſen 40. 43 ff. 93 ff.).

[2]) Geſchichte ꝛc. 2, 77.

[3]) Ebendaſ. S. 78.

diesem davon hören, war es ein Trostschreiben des gutmüthigen Luthers an Tetzel, worin er die Schuld der diesen jetzt bekümmernden Sache nicht etwa auf sich selbst übernehmen, sondern einem Größeren, der hinter Tetzels Ablaßunfug gestanden, beimessen wollte.

Nebenbei bemerkt Janssen mit den Worten Prantls, daß man im Anschlagen der Thesen an der Kirchenthüre keine kühne That finden dürfe. Als dann Ebrard wegen der hohen Bedeutung von Luthers Vorgehen diese Bemerkung lächerlich nannte, fühlt er sich hierdurch beleidigt und entgegnet: nur für die Thatsache des Anschlagens der Thesen habe er jene Worte gebraucht.[1]) Wer hat denn aber je im Anschlagen an der Thüre die Kühnheit der That Luthers gesehen? Bei Janssen indessen ist jene Bemerkung der Anfang einer Reihe von Aeußerungen, welche dem Reformator den sonst auch von fanatischen Papisten nicht geläugneten Muth absprechen.

Aus der nunmehr folgenden Zeit des Kampfes zwischen Luther und seinen Gegnern, bringt Janssen eine Liste von Schimpf- und Scheltworten, in welchen jener gegen diese sich ergangen habe. Auch ich billige dieselben nicht. Aber warum bekommen wir denn nicht auch etwas vom Ton der Gegner zu hören, etwa von den Worten, in welchen gegen ihn, den rohen deutschen Bauernsohn und Mönch, schon gleich nach seinen ersten, noch bescheidenen Kundgebungen einer der höchsten und gebildetsten Herren des päpstlichen Hofes, Sylvester Prierias[2]), losbrach? Da heißt Luther ein Aussätziger, ein Mensch mit eiserner Nase und ehernem Kopf, der Sohn eines bissigen Hundes, ferner ein Heuchler, für den es nur eines fetten Bisthums und reicher Ablaßeinkünfte bedurft hätte, um ihn selbst zu einem süßen Lobredner des Ablasses zu machen.

Es beginnt ferner bei Janssen der Vorwurf eitler, maßloser ja blasphemischer Selbstüberhebung. Schon in einem Briefe vom 11. November 1517 soll Luther sich Martinus Eleutherius, das heiße der Befreier, unterzeichnet haben.[3]) Aber dieses griechische Wort, in welches Luther dort seinen Familiennamen umsetzt, bedeutet erstens einen der innerlich, in Gesinnung und Stimmung,

---

[1]) An m. Krit. S. 22.
[2]) In seinem Dialogus 2c., abgedruckt z. B. in Lutheri Opera var. argum. ed. Frankof. Vol. I.
[3]) Geschichte 2c. B. 2 S. 80. Luthers Briefe von De Wette 2c. B. 1 S. 73.

selbst frei ist, zweitens einen befreienden Gott; daß Luther es in jenem ersten Sinn genommen hat, wird klar genug schon durch die weiteren von Janssen weg gelassenen Worte der Unterschrift: „Eleutherius, imo dulos et captivus nimis": während er sich in Christus frei weiß, will er sich doch viel mehr als einen in Schwäche und Anfechtung liegenden bekennen und bemüthigen; und nicht wie ein stolzer Befreier Anderer hat er in den vorangegangenen Sätzen geredet, vielmehr den Briefempfänger um Fürbitte bei dem Herrn Jesus für sich und seine Anfechtungen gebeten.

Die wichtigste Wendung im weiteren Verlauf bildet Luthers Disputation mit Eck. Vorher ließ sich immerhin noch eine Beilegung des Streites durch die Bemühungen des päpstlichen Gesandten Miltitz hoffen. Die bisher herrschende Auffassung ist nun, daß Luther durch Eck in die Disputation hineingetrieben worden sei. Ihr gegenüber hat Janssen eine ausführliche „Zusammenstellung der darauf bezüglichen thatsächlichen Momente" geben wollen. Aber gleich die ersten Momente hat er unrichtig zusammengestellt. Er sagt nämlich:[1]) Eck habe Anmerkungen oder „Obelisken" zu einer Anzahl Lutherischer Streitsätze angefertigt, und Luther habe dann zur Vertheidigung seiner Streitsätze ohne Erwähnung Ecks eine öffentliche Disputation in Heidelberg 1518 veranstaltet. Aber Luthers Thesen bei der Heidelberger Disputation[2]) (die übrigens nicht auf Luthers Veranstaltung, sondern nach regelmäßigem Brauch seines Ordens erfolgte) bezogen sich gar nicht auf jene Eckschen Obelisken[3]) oder auf die durch Eck bestrittenen, den Ablaß betreffenden Sätze Luthers, sahen vielmehr vom Ablaßstreit ganz ab und behandelten eine Lehre (von menschlicher Sündhaftigkeit, freiem Willen, Sittengesetz u. s. w.), mit welcher Eck dort gar nichts sich zu schaffen gemacht hatte. Sollte Janssen die Obelisken und die Heidelberger Thesen gar nicht angesehen haben?

Während dann Luther mit Bann und Acht bedroht war, boten ihm Hutten und Sickingen ihre Hand. Janssen sagt: „Luthers Anschluß an die Revolutionspartei war eine vollen-

---
[1]) A. a. O. S. 83.
[2]) In Luth. opp. a. a. O. p. 387 sqq.
[3]) Ebendas. p. 411 sqq.

dete Thatsache", und zwar pflegt er diese bestimmt die „kirchlich politische" Revolutionspartei zu nennen. „Hutten", sagt er, „hatte mit Luther enge Kameradschaft geschlossen".¹) Dabei redet Janssen bei einer Besprechung Huttens mit Crotus, die schon Kampschulte übermäßig aufgebauscht hatte, geradezu von einer „Verschwörung", ohne doch jemals irgend welche konkrete Pläne oder Verabredungen der Verschworenen nennen zu können; diesen Verschworenen also wurde Luther „ein Werkzeug für die politisch= kirchliche Umwälzung".²)

Wir verübeln es Janssen nicht, wenn er Luther einen „Re= volutionär" werden läßt, zumal auch gewisse protestantische Schrift= steller diesen Ausdruck auf ihn anwenden. Revolutionär ist Luther und der ganze Protestantismus sicherlich, wenn man die Losreißung von dem die Gewissen tyrannisirenden Rom und den Bruch mit den überlieferten kirchlichen Rechtsformen, in welchen wir eine Ver= kehrung der auf dem Neuen Testament ruhenden sehen, Revolution heißen will. Aber den Vorwurf politischer Revolution hat Janssen nicht einmal gegen Hutten begründet, so gering auch die Achtung Huttens gegen die staatlichen Rechtsformen und Obrigkeiten Deutsch= lands gewesen sein mag. Und bei Luther hätte er doch wenigstens davon seinen Lesern etwas sagen dürfen, daß dieser von Anfang an die weltlichen, bürgerlichen Ordnungen, bei welchen es sich nicht um die Seelen und Gewissen und ihr Verhältniß zu Gott handle, von den hierauf bezüglichen kirchlichen Satzungen sehr streng unter= schieden, jenen mit ihrem faktischen Bestand auch zugleich den An= spruch auf Gehorsam beigelegt und hier niemals zu einem Umsturz die Hand geboten hat.

In den ziemlich ausführlichen Mittheilungen, welche Janssen sodann aus Luthers Sendschreiben an den Adel macht³), ist schon das Mitgetheilte ungenau und mißverständlich. So bringt er den Satz, daß das Amt der weltlichen Gewalt frei durch die ganze Christenheit, auch den Klerus nicht ausgenommen, sich erstrecken müsse, läßt aber den daneben stehenden Satz weg, welcher das wahrhaft geistliche Amt, nämlich die Uebung des göttlichen Wortes und der Sakramente, ausdrücklich vom Amte der weltlichen Obrigkeit

¹) Geschichte ꝛc. B. 2 S. 100. 97.   ²) Ebendas. S. 98.
³) Ebendas. S. 103 ff.

unterscheidet. Die weiter von Janssen angeführten Worte Luthers, daß, was das geistliche Recht wider jene Ausdehnungen des weltlichen Amtes sage, lauter erdichtete römische Vermessenheit sei, richten sich gegen die päpstliche Anmaßung, nach welcher auch in weltlichen Dingen, wie Strafrecht und Strafübung, die sogenannten Geistlichen der weltlichen Gewalt entzogen, ja die kirchliche Hierarchie über dem Staat stehen sollte, — Forderungen, die doch auch der neuere Ultramontanismus in Deutschland noch nicht wieder laut werden zu lassen wagt. Eben dort fährt dann Janssen fort: insbesondere solle nach Luther „das weltliche Schwert für ein freies Concil sorgen." Dieses Satzes Sinn und Zusammenhang aber ist bei Luther ein ganz anderer, als es hiernach scheint; ihn nämlich spricht er ausdrücklich nur für den Fall aus, daß die „Noth es fordere", wenn Papst und Klerus ihren Beruf verleugnen und verkehren: da müsse dann allerdings dazu thun, wer am ersten könne als ein treu Glied des ganzen christlichen Körpers. Und gar nichts theilt Janssen mit von einer großen Reihe anderer Forderungen jener Schrift, bei denen doch vielleicht auch er etwas anzuerkennen oder zu loben gehabt hätte. So strebt Luther dort nach einem organisirten christlichen Armenwesen; bei welchem freilich auch das Herumziehen mönchischer Bettler aufhören sollte. Er will ein Einschreiten gegen Wucher, gegen die den kleinen Mann erdrückenden großen Handelsgesellschaften u. s. w., worin auch Janssen eine Plage jener Zeit sieht, während die Päpste selbst am verderblichen finanziellen Treiben der Zeit reichlich Antheil nahmen. Er jammert, daß die Christen in ihrer Mitte gemeine Frauenhäuser d. h. Bordelle halten: in jener angeblichen Blüthezeit der deutschen Nation und Kirche hatten auch sie, von der Kirche ungestört und vom Klerus viel benützt, in Blüthe gestanden[1]), was freilich in Janssens Schilderungen übergangen wird. Doch von allem positiv Guten und Schönen, was damals noch auch Gegner Luthers bei ihm wenigstens in seinen erbaulichen Schriften anerkannt haben, hat Janssen überhaupt, wie wir auch ferner bemerken werden, geschwiegen. Gelegentlich erwähnt er später eine Aeußerung des gut katholischen kaiserlichen Beichtvaters Glapio,

---

[1]) Vgl. z. B. die Ordnung der Stadt Nördlingen vom Jahre 1472, wonach die Geistlichen jene Häuser bei Tag besuchen durften, nur nicht die Nacht darin zubringen sollten (Hüllmann, Städtewesen des Mittelalters B. 4 S. 262).

eines Franziskanermönchs, daß die Kirche aus manchen Schriften Luthers gute Früchte gewinnen könne¹); derselbe sagt noch mehr, als wir bei Janssen lesen: man müsse dafür sorgen, daß Luthers gute Waare in den Hafen gebracht und nicht verschlagen werde. Janssen aber hat diese Waare seinen Lesern versteckt gehalten.

Dagegen ist er nun vollends darauf aus „Ausbrüche ungezügelter Leidenschaft" von dem mit den Revolutionären verbündeten Luther mitzutheilen. Als solchen Ausbruch bringt er namentlich auch eine angebliche vertrauliche Aeußerung Luthers, „daß zur Hintergehung und zum Verderben des Sitzes des Antichrists (d. h. des Papstes) alles erlaubt sei."²) So nämlich verdeutscht er seinen Lesern Worte („in cujus deceptionem et nequitiam"), welche vom Kampf „gegen die Trügerei und Nichtswürdigkeit" dieses Antichrists selbst reden. Er wird jedoch die Aeußerung nicht absichtlich verdreht, sondern die ihm gar erwünschten Worte unbedacht aus dem (nicht dabei citirten) Kampschulte herübergenommen haben, von dem er auch anderes gedankenlos abgeschrieben hat (so S. 28 die sinnlose Benennung des Mutian als Consul des ganzen Alterthums", wo Kampschulte consulem statt consultum gelesen hat). Er konnte übrigens den von ihm acceptirten Fehler Kampschultes schon bei mir korrigirt lesen.³)

Der Bannstrahl erging über Luther. Die Bannbulle sprach, wie Janssen sagt, aus, daß nach dem Vorbild der göttlichen Milde der Papst höchste Nachsicht für Bruder Martinus beschlossen habe, ihn bei der Tiefe der göttlichen Erbarmung beschwöre, die Irrthümer aufzugeben, andernfalls die volle Strenge der kirchlichen Strafe über ihn verhänge. „Sie war", sagt er, „mehr in einem Tone väterlicher Betrübniß, als strafender Härte abgefaßt."⁴) Schade, daß er von ihren väterlichen Worten nicht mehr uns wiedergiebt. Sie beginnt: „Mache Dich auf, Herr, und richte deine Sache; deinen

---

¹) Geschichte ꝛc. 2, 156. ²) Ebendas. S. 107.
³) Martin Luther B. 1 S. 358. 791 f. Ebendaselbst hatte ich auch (S. 410. 793) schon gerügt, daß Kampschulte von Hutten'schen „Mordanschlägen" gegen die in Deutschland reisenden Kardinäle redet, an welchen Luther Freude gehabt habe, während es sich nur um einen Anschlag sie abzufangen (intercipere nach der nächstliegenden und gewöhnlichen Bedeutung) handelte; und J. redet jetzt ohne jede Begründung wieder von Mord.
⁴) Geschichte 2, 111.

Weinberg will ein Schwein aus dem Wald verwüsten, ein sonderlicher wilder Eber abweiden; mache dich auf, Petrus, — mache dich auf, Paulus — u. s. w.; denn es erhebt sich ein neuer Porphyrius, der die heiligen Päpste zu beißen und zu lästern sich nicht scheut u. s. w." Luthers Lehren werden auf fürwitzigen, geschwätzigen, gottlosen Hochmuth und auf Anstiften des Teufels zurückgeführt. Unter seinen verfluchten Ketzereien wird namentlich auch der Satz aufgeführt, daß das Verbrennen der Ketzer gegen Gottes Willen sei. Bezüglich jenes Wortes vom Schwein, wozu das päpstliche Pathos einen Psalmvers mißbraucht hat, bemerke ich noch, daß an einem andern Ort[1]) Janssen gegen einen lutherischen Polterer sich ausläßt, weil derselbe einen andern eine „den Weinberg des Herrn verwüstende Sau" genannt hat.

Luther beantwortete die Bulle damit, daß er sie ins Feuer warf mit den Worten: „Weil du den Heiligen des Herrn betrübt hast, so verzehre dich das ewige Feuer." Janssen berichtet diese Worte und fährt gleich darauf fort:[2]) „Als Heiliger des Herrn gab Luther seit dem Jahre 1520 seinen Schriften wiederholt einen Holzschnitt bei, auf dem er abgebildet war mit einer Glorie um das Haupt" u. s. w. Er mißdeutet demnach jene Worte so, als ob Luther mit dem „Heiligen des Herrn" sich selbst gemeint hätte, während jeder, der halbwegs die Bibelworte und ihre Anwendung bei Luther kennt, wissen muß, daß der Heilige des Herrn oder sanctus Domini (nach der Vulgata)[3]) Christus ist, den des Antichrists Bulle betrübt hat. Als Beleg sodann für jenes Bild führt Janssen eine Ausgabe der Schrift über die babylonische Gefangenschaft an, während die von ihm selbst citirten Werke Luthers[4]) ihn belehrten, daß jene Ausgabe gerade nicht die von Luther selbst veranstaltete, sondern ein Nachdruck ist, deren viele erschienen, ohne daß Luther um sie sich kümmerte. Während ferner Janssen seiner Angabe eine Notiz Schuchardts darüber, wie oft Luther sich von Cranach habe in Kupfer stechen lassen, beifügt, übergeht er die ausdrückliche Bemerkung Schuchardts[5]), daß gerade jenes Bild „nicht von Cranach geschnitten" sei.

---

[1]) An m. Krit. S. 203.   [2]) Geschichte 2c. 2, 117.
[3]) Psalm 16, 10. Mark. 1, 24. Luk. 4, 34. Apgesch. 2, 27. 13, 35.
[4]) Opp. a. a. O. vol. 5 p. 14.
[5]) Schuchardt, L. Cranach B. 2 S. 312.

Als endlich der schon mit dem Bann Belegte vor den Wormser Reichstag durch ein Mandat citirt wurde, nach welchem er seine vom überlieferten Glauben abweichenden Sätze einfach zu widerrufen oder andernfalls die äußersten Maßregeln auch von Seiten des Reichs zu erwarten hatte, brach er ohne weiteres dorthin auf, obgleich ihm seine Freunde ängstlich das Schicksal eines Hus vor Augen stellten. Vor dem Reichstage verweigerte er nicht blos jeden Widerruf, sondern auch jede Art von Versprechen, daß er einer etwaigen künftigen Entscheidung der Reichsstände und eines erst noch zu berufenden Conzils sich definitiv fügen werde, so leicht auch dadurch eine für ihn gefährliche letzte Entscheidung sich ins unbestimmte hätte hinaus schieben lassen und so sicher man dabei auf den Widerspruch des Papstes gegen ein erst noch über seinen Bannfluch entscheidendes Conzil hätte spekuliren können. Doch Janssen belehrt uns, daß es „für ihn eines besonderen Muthes, die Reise anzutreten, nicht bedurfte." [1] Zum Beweis nimmt er die Angst der papistischen Prälaten in Worms vor einem Losschlagen der Revolutionspartei, wovon ja der päpstliche Legat Aleander nach Rom berichtet habe, während er die sonst [2] von ihm dort benützten Berichte evangelischer Gesandter, welche fürchteten, daß man Luther ans Kreuz schlagen wolle und daß er dem kaum entrinnen werde, unerwähnt läßt.

Ueber Luthers Verhalten in Worms belehrt er uns, daß derselbe hiebei „unzweifelhaft unter dem Einfluß des revolutionären Adels gestanden habe." [3] Zeugniß dafür ist ihm vorzüglich eine spätere Aeußerung Thomas Münzers in einer Schmähschrift gegen Luther. Gegenzeugnisse genug bietet uns indessen schon der nächste Zusammenhang seiner eigenen Erzählungen. Denn er kennt keinen durch Waffengewalt gefährlichen Mann der Partei als Sickingen, der übrigens auch keinenfalls im Stande gewesen wäre, vor einer raschen Verurtheilung und Hinrichtung Luthers über Worms herzufallen;[4] und er weiß, daß eben damals Sickingen mit seiner

---

[1] Geschichte 2c. 2, 161.
[2] Z. B. ebendas. S. 163.
[3] Ebendas. S. 166.
[4] So auch nicht die angeblichen 400 „verschworenen Edelleute", mit welchen ein anonymer Anschlag drohte (ebend. 167), und ihre „8000 Mann", von welchen Niemand weiß, wo sie waren.

Streitmacht in den Dienst des Kaisers trat. Er weiß ferner und erzählt es, daß Sickingen und Hutten Luther vielmehr im Einverständniß mit dem kaiserlichen Beichtvater aufforderten, auf Sickingens sichere Ebernburg zu kommen, dort auf erfolgreiche Besprechungen zwischen ihm und jenem Beichtvater hofften, also offenbar den Weg kluger weiterer Verhandlungen für das Richtige hielten; Luther, der ihrem Einfluß gefolgt sein soll, hat dies kurzweg abgewiesen. Ebenso verhielt sich Luther in Worms, als nach seiner Verweigerung des Widerrufs ein mit ihm weiter verhandelnder ständischer Ausschuß sich mit jenem Versprechen einer Unterwerfung unter eine eventuelle Entscheidung des Reichs und eines erst in fernster Aussicht stehenden Conzils begnügen wollte. Jener Klugheit seiner Freunde hätte ohne Zweifel ein Eingehen hierauf mehr entsprochen. Eine von Janssen[1]) mitgetheilte Aufmunterung Huttens an Luther, nicht zu wanken, hatte nicht diese dem Hutten noch gar nicht bekannten Verhandlungen, sondern jene Forderung des Widerrufs im Auge. Freunde in Worms äußerten sich in jenem Sinne. — Die auf der Ebernburg kaiserlicherseits beabsichtigten Besprechungen und jene ferneren Verhandlungen in Worms veranlassen uns noch zu einer weiteren Bemerkung über Janssens Geschichtsschreibung. Er konnte über dies Alles nicht schweigen: aber er läßt ganz unerwähnt die hohe Bedeutung davon, daß zu jener Zeit gut katholische Fürsten, der Kaiser, sein mönchischer Beichtvater u. s. w. die förmlichste und feierlichste Entscheidung des Papstes keineswegs für endgültig oder infallibel erachteten, vielmehr über sie weg zu einem Konzil weiter zu schreiten bereit waren, an welches zu appelliren jener für verdammlich erklärt hatte, und daß der auf dem Reichstag sehr thätige päpstliche Legat sich klüglich hütete, hiegegen feierlichen Protest im Namen seines Herrn zu erheben. Darüber, daß der päpstliche Absolutismus, wie ihn z. B. jener Prierias lehrte, damals in Deutschland trotz eines Eck keineswegs Kirchenlehre oder praktisch anerkannt war, hat Janssen überhaupt in seiner ganzen „Geschichte" einen Schleier gebreitet.

Bezüglich Aleanders ferner, von dessen Thätigkeit in Worms Janssen mit Wohlgefallen erzählt, bemerken wir noch, daß derselbe Janssen, der später einmal recht ausführlich und geflissentlich von

---

[1]) Geschichte ꝛc. ebend. S. 165.

gewissen tendenziösen „Verehrungen" oder Ehrengeschenken protestantischer Fürsten an kaiserliche Räthe zu berichten weiß,[1]) von den reichen Bestechungsmitteln, welche Aleander in Worms zu handhaben verstand, und über welche zwischen ihm und dem päpstlichen Stuhl fleißig korrespondirt wurde, uns gar nichts zu berichten hat.

Als charakteristisch für die Vorgänge in Worms schildert Janssen auch, wie dort auf öffentlichem Markt ein Anhänger Luthers verkündigt habe, Luther sei ohne Sünde und habe deshalb niemals geirrt: dafür hat er jedoch keine Quelle citirt und muß uns daher erlauben, es wenigstens bis auf weiteres jenen sonst auch von ihm desavouirten älteren papistischen Mythen oder Lügen zuzuweisen.

Nur als einen weiteren Beleg dafür, wie Janssen seine reiche Literatur oberflächlich und bloß für das, was ihm genehm ist, zu gebrauchen pflegt, führe ich aus seinem Bericht über jenen Reichstag noch die Bestimmtheit an, womit er auf Burkhardts Nachweis v. J. 1869 hin die Geschichtlichkeit des Lutherworts „Hie steh ich rc." verneint und den Gegengründen von Knaake, mir, Seidemann u. A., auf die mein Buch ihn hinwies, nicht nachfrägt (überdies wäre nach Burkhardt auch gar nicht das ganze von ihm angeführte Wort, sondern bloß der erste Theil unecht); sein eigenes Beifügen, daß eine gewisse, in „Kuczynski, thesaurus etc." genannte Druckschrift der „älteste authentische Bericht" sei, ist leere Behauptung.[2]) Janssen brauchte sich ja mit dieser ganzen Frage, wenn es ihm an Zeit zu ordentlicher Untersuchung fehlte, gar nichts zu schaffen zu machen.

Es ist für uns nicht nöthig der ganzen Geschichte und Entwicklung Luthers bei Janssen so nachzugehen. Wir fassen nur den nächsten Zeitabschnitt speziell noch ins Auge, sofern in ihm vorzugsweise die andere Seite in den Grundsätzen und dem Wirken

---

[1]) Geschichte rc. 3, 122.
[2]) ebendas. 2, 168 Anm. 3. Kuczynski selbst (bei welchem Janssen fälschlich S. 262 statt S. 10 N. 102 citirt hat) gibt nicht vor, daß jenes der älteste Bericht sei. Seit jener Abhandlung Burkhardts ist namentlich noch ein nur die Rede Luthers enthaltendes Flugblatt, das offenbar gleich damals gedruckt wurde, bekannt geworden; es enthält bereits jene Worte. Weiteres in: Martin Luther rc. 2. Aufl. B. 1 S. 453. Theol. Stud. u. Krit. 1882 S. 551 ff.

des Reformators für uns zum Ausdruck kommt, nämlich die Klarheit, Entschiedenheit und Energie, womit er selbst dem Mißbrauch der von ihm verkündeten evangelischen Freiheit und der Gewaltthätigkeit beim angeblichen Kampf fürs Evangelium entgegen tritt. Vergebens möchte man erwarten, daß ihm hier wenigstens unser Verfasser eine gewisse Anerkennung zu theil werden ließe.

Schon auf dem Höhepunkt seines Bündnisses mit der „politisch-kirchlichen Revolutionspartei" hat Luther nicht blos, wie wir oben erinnert haben, mit einer Umwälzung staatlicher Ordnungen nichts zu thun gehabt, sondern bald auch mit Bezug auf die von ihm geforderten kirchlichen Reformen, den Sturz des Papstthums u. s. w. aufs nachdrücklichste erklärt, daß nur das Schwert des Wortes hier kämpfen und siegen sollte. Anfänglich zwar bricht er hier einmal in den Ruf aus, warum man nicht, wie man Diebe und Mörder mit Strang und Schwert strafe, so auch die Kardinäle, Päpste und das ganze römische Sodom mit allen Waffen angreife, ja die Hände in ihrem Blut wasche (was er übrigens nicht als Sache eines revolutionären Volkes, sondern als Recht und Aufgabe der Fürsten hinstellt). Und dieß hat Janssen ausführlich und mit gesperrter Schrift abgedruckt.[1]) Nachher ist etwa noch zu erwähnen, was Janssen ebenfalls hervorhebt,[2]) daß Luther einmal frägt, was es nun Wunder wäre, wenn Fürsten, Adel und Laien, durch die päpstliche Lüge und Tyrannei empört, den papistischen Clerus mit Gewalt zum Land hinaus jagten, während dies dann nicht seinem Evangelium selbst, sondern eben jenen Pfaffen und dem Papst Schuld zu geben wäre. Nach seinem eigenen Wunsch und Grundsatz aber sollte es, wie er immer aufs neue jetzt ausspricht, ein Kampf mittelst des Wortes sein und bleiben; ja er macht daraus einen biblischen, auf die alt- und neutestamentliche Weissagung gestützten Glaubenssatz: ohne Hand, blos durch den Geist des Mundes Christi, soll der Antichrist zerbrochen werden.[3]) Auf einem andern Standpunkt stehende Kritiker möchten vielleicht sagen, dieser Gedanke sei bei ihm wie zu einer fixen Idee geworden und habe ihn damals und später noch im praktischen Wirken und Eingreifen

---

[1]) Ebendas. 2, 106.   [2]) Ebendas. 2, 111.
[3]) Vgl. die zahlreichen und fortlaufenden Mittheilungen darüber in meinen beiden Lutherbiographien.

gehemmt. Janssen aber übergeht hier wieder stillschweigend die wichtigsten Ausführungen Luthers und erwähnt nur in einer Anmerkung einmal[1]) ein einziges von Gewaltthat abmahnendes Schreiben, um ihn zu verdächtigen, daß er hier nur mit Rücksicht auf den Willen seines Kurfürsten so geredet habe: eine Verdächtigung, die nicht zur Wahrheit wird durch seine Berufung auf „Meiners Lebensbeschreibungen", noch durch Berufung auf gewisse Briefe Luthers an Hutten, die leider nicht mehr existiren, und über welche Janssen nur eine kurze, schmähende Aeußerung des Cochläus beizubringen hatte.

Nachdem Luther dann auf der Fahrt zum Reichstag durch Erfurt gereist war, brach dort wirklich ein Tumult von Studenten und Pöbel gegen die Häuser der Pfaffen los. Janssen schildert diesen recht lebendig und macht Luther dafür verantwortlich. Davon jedoch schweigt er wieder, daß Luther sofort seinen Freunden erklärte, er erkenne hierin den Satan, der Vorwürfe und Schande über das Evangelium bringen wolle.[2])

Als nun aber Luther auf seiner sichern Wartburg saß, Reichsacht und Bann gegen ihn unkräftig blieb, über ganz Deutschland hin nach Janssens Schilderung durch revolutionäre Prediger und Brandschriften das Volk erregt wurde, in Wittenberg die revolutionäre Bewegung mit Angriffen auf die Klöster, mit Bilderstürmen und mit kühnen socialen Reformversuchen zum Ausbruch kam und die drohende allgemeine Revolution eben nur noch eines großen anerkannten Hauptes bedurfte, da eilte Luther nicht als ihr Haupt, sondern als ihr wuchtigster Gegner aus seiner Zufluchtsstätte herbei und erließ schon vorher von dieser aus seine „Treue Vermahnung sich zu verhüten vor Aufruhr"[3]), indem dieser unter allen Umständen verboten sei. Bei Janssen[4]) wird über die Motive, die ihn zu solchem Einschreiten bestimmten, so gut wie nichts gesagt; von richtigen anerkennenswerthen Grundsätzen Luthers, aus denen sie hervor gegangen wären, bekommt man nichts zu hören;

---

[1]) Ebendas. 2, 106.
[2]) Ebendas. 2, 162. Luthers Briefe von de Wette B. 2 S. 7 f. Martin Luther ꝛc. B. 1 S. 195 f.
[3]) L. Werke E. A. 22, 43 ff. (woraus Janssen, Gesch. 2, 201 ff. nur wieder ihm convenirende Sätze ausgehoben und zusammengestellt hat).
[4]) Ebendas. 217.

man möchte nur etwa denken, das „wüste Wesen", an dem er die Schuld hatte, sei jetzt doch auch ihm zu arg geworden.

Die Sätze über die bürgerliche, staatliche Ordnung, über die obrigkeitliche Gewalt und über die Scheidung zwischen ihrem und dem eigentlich geistlichen, religiösen Gebiet, welche Luther jetzt wiederholt und ausführlich vortrug, hatten eine noch viel weiter greifende allgemeine Bedeutung, von welcher bei Janssen vollends nichts zu bemerken ist. Als eine heilige göttliche Ordnung, die nicht erst von einer andern Seite her, etwa von Seiten der Hierarchie, ihrer Sanktion bedarf, wird jetzt zum erstenmal die staatliche Gewalt im Gegensatz gegen die papistischen Ansprüche gemäß den Schriftzeugnissen begründet: eine Anschauung auf deren Besprechung Janssen freilich nicht eingehen konnte, ohne seine eigene Ansicht über diese Ansprüche auch kund werden zu lassen. Zum erstenmal ist hier ferner der Beruf jener Gewalt, äußeres Recht in der Gemeinschaft zu üben und aufrecht zu erhalten, auch denen gegenüber behauptet und beleuchtet worden, welche eine höhere christliche Sittlichkeit oder die wahre christliche Sittlichkeit überhaupt mit einer Handhabung der obrigkeitlichen Gewalt und ihres Schwertes unverträglich fanden. Da lehrt dann Luther in gutem Zusammenhang auf der einen Seite, daß auf jenem äußeren Gebiet der Einzelne jenen Ordnungen und Gewalten auch im Dulden schweren Unrechts und Uebels unterthan bleiben solle, nur das Gewissen und die Beziehung zu Gott sich frei haltend: er lehrt das auch in Schriften, wo er die Träger solcher Gewalt oder die Fürsten Narren und Buben nennt, während Janssen[1]) da überall nur Aufreizung zum Aufstand zu sehen pflegt. Und zugleich spricht er andererseits zum erstenmal für das religiöse Gebiet, den Glauben und Kultus, die große Forderung der Gewissensfreiheit aus; er wird ihr freilich späterhin wieder untreu, sofern er zwar nimmermehr wieder nach dem Glauben inquiriren und Andersgläubige und Ungläubige gar verbrennen lassen will, aber unter dem Eindruck des unreifen Zustandes der großen, bisher dem römischen Zwangskirchenthum anheimgegebenen Bevölkerung und des Bedürfnisses fester und einheitlicher neuer Ordnungen wenigstens wieder dahin kommt, die äußere Ausübung eines andern Kultus

---

[1]) L Werke E. A. 242.

als des evangelischen durch die evangelischen Obrigkeiten verbieten zu lassen.

Doch Janssen hat überhaupt keinen Sinn dafür, der geschichtlichen Entwicklung dieser Ideen unbefangen und allseitig nachzugehen. Statt dessen denkt er immer nur daran, wie Luther auf Destruktion alles objektiven Kirchenthums ausgegangen sei und mit der angeblichen Glaubensgerechtigkeit Unfug getrieben habe. Da macht er denn auch von den auf Gewissensfreiheit bezüglichen Worten Luthers einen gar eigenthümlichen, wir dürfen nun wohl sagen Janssenschen, Gebrauch. Luther sagt in seiner Schrift von der Beichte 1521 [1]: die Absolution in der Beichte sei eine große Gabe Gottes, aber man könne und solle niemandem etwas ohne seinen Willen geben; er fährt fort: „gleich als zu dem Glauben kann und soll man niemand zwingen, sondern jedermann vermahnen zum Glauben, doch den freien Willen lassen zu folgen oder nicht zu folgen"; so, sagt er, sollen auch alle Sakramente frei sein für jedermann, so auch die Beichte. Da läßt Janssen [2]), während er die Sätze von den Sakramenten buchstäblich citirt, die unmittelbar daneben stehenden Sätze vom Glauben weg und folgert: man konnte also nach Luther Christ und durch den Glauben gerechtfertigt sein ohne irgend ein Sakrament zu empfangen. Er hätte, wie wir sehen, Luther eben so gut den Satz unterschieben können, daß man Christ und gerechtfertigt sein könne ohne Glauben. So thut er, während er doch daneben aus einem Brief Luthers Worte wiedergiebt, die geradezu von Glauben und Taufe zugleich sagen, daß man dazu nicht gezwungen werden dürfe. Daß Janssen überdieß von dem hohen Werth, welchen Luther hier und sonst der Beichtabsolution an sich (nur eben mit Protest gegen den Zwang zur Beichte) beilegt, hier und überall schweigt, darf uns nach allem Bisherigen nicht mehr wundern.

Der Bauernaufstand endlich, der vollends zu den stärksten Erklärungen Luthers gegen Empörer Anlaß gab, ist nach Janssen, wie wir es uns im Voraus denken können, zwar nicht durch Luther allein, aber wenigstens vorzugsweise durch seine Schuld entzündet und in die Flamme ist durch Luthers Schrift über die Artikel der Bauern, wo er sie zu friedlichem Verfahren ermahnte und zugleich

---

[1]) Werke E. A. 27, 313 f. [2]) Geschichte 2, 199.

die gottlosen tyrannischen Herren verwarnte, erst noch recht Oel gegossen worden. Von sonstigen Gesinnungsgenossen weicht Janssen[1]) doch darin ab, daß er die Behauptung, Luther habe sich von den Bauern erst in Folge ihrer Niederlage abgewandt, nicht gut heißt, wie dies ja auch eine gar zu handgreifliche Unwahrheit ist. Andererseits weist auch er die gewöhnliche Annahme der protestantischen Historiker zurück, daß jene mildere Schrift erschienen sei, ehe die Bauern ihre eigentlichen Greuelthaten, namentlich die zu Weinsberg am 16. April 1525, begangen haben. Und dies meint er damit widerlegen zu können, daß Luther am 16. April nach einem Briefe Melanchthons erst im Begriffe gewesen sei die Schrift zu verfassen, während diese doch ohne Zweifel in Eisleben, wohin Luther am 16. reiste, sogleich von ihm fertig gemacht worden ist:[2]) wir müßten also nach Janssen wohl annehmen, daß an Luther in Ermangelung von Telegraphen und Eisenbahnen mindestens sogleich eine Expreßpost von Weinsberg her nach Eisleben ergangen wäre.

Besonders ausführlich und nachdrücklich aber hebt Janssen hervor, wie herzlos hart Luther nachher über die durch ihn aufgestachelten Bauern geurtheilt und zu rücksichtslosem, erbarmungslosem Totschlagen derselben aufgefordert habe. Mit Janssen'schem Stillschweigen werden dagegen diejenigen Worte Luthers übergangen, womit er auch in seinen heftigsten Schriften gegen die „mörderischen Bauern" doch immer noch die Obrigkeiten ermahnt, sich „gegen die tollen Bauern zum Ueberfluß noch zu Recht und Gleichem zu erbieten" und erst, wo dies nichts helfe, dreinzuschlagen. Desgleichen die späteren Worte, in welchen er seine Lästerer an jene erinnert: „ich rede (bezüglich des Dreinschlagens) klärlich von denen, die man zuerst freundlich ersucht, sie aber nicht wollen." Desgleichen die Worte, in welchen er nicht blos für diejenigen Bauern, welche von den andern gezwungen mitgezogen waren, Erbarmen fordert, sondern für alle, die sich ergeben, ja für alle Gefangenen: „Die Herren bitte ich, daß sie den Gefangenen und die sich ergeben, wollten gnädig sein, wie Gott jedermann gnädig ist, der sich ergiebt"; und: „hernach, wenn sie gewonnen haben, daß sie dann Gnad' erzeigen nicht allein

---

[1]) Ebendas. 2, 490.
[2]) Vgl. besonders die (zu m. Martin Luther B. 1 S. 738, 2. Aufl. S. 736 angeführte) Angabe Fröschels.

den Unschuldigen, sondern auch den Schuldigen." Diejenigen, welche nach der Schlacht nicht mögen Blutes satt werden, nennt er wüthige, rasende Tyrannen und Bluthunde, welche zu unterrichten er sich nicht vorgenommen habe.[1] Einem Kritiker, welcher erinnerte, daß Luther die Herren „energisch auch zur Milde gegen die irregeleiteten und unschädlich gemachten Bauern ermahnt habe" und daß hier „die historische Wahrheit wahrlich nicht schwer zu finden gewesen wäre", erwidert Janssen[2] dreist und höhnisch: er habe die Wahrheit für seine eigene Behauptung, daß Luther nicht zur Milde gerathen, eben in dessen eigenen Schriften gefunden. Und doch stehen die von mir vorgeführten Sätze neben den von Janssen angeführten in jenen Schriften, aus denen er selbst geschöpft zu haben vorgiebt. Dort kann dann Janssen auch schon das Urtheil über sich wie über Luthers gleichzeitige Lästerer finden; und zwar hat Luther, dem er stets ein Schimpfen auf die Gegner vorwirft, dasselbe wahrlich recht mild ausgedrückt in den Worten: „das bitte ich euch und jedermann mit Fleiß, daß sie wollten doch mein Büchlein recht ansehen und nit so überhin fahren"; — „du mußt ja nicht fromm sein, daß du mein Büchlein so lästerst; wenn du so willst Bücher lesen und deuten nach deinem Muthwillen, welch Buch will vor dir bleiben?"

Füglich fragen wir auch, wie denn damals römisch katholische Theologen, von denen Janssen in dieser Hinsicht nichts erwähnt, über die Strenge gegen die Bauern sich geäußert haben, die bekanntlich von den katholischen Fürsten mindestens ebenso unbarmherzig als von irgend welchen evangelischen geübt und nur speziell auch noch auf alle Anhänger der evangelischen Lehre ausgedehnt worden ist. Uns liegt hiefür aus einer Schrift von Cochläus, einem Mann nach Janssens Herzen, in einem Buche[3], das auch Janssen sonst benützt, eine Aeußerung vor über die Hinrichtung Münzers, von welchem Cochläus zugleich bezeugt, daß er vorher sich noch bekehrt und seine lutherischen Irrthümer widerrufen habe. Cochläus schildert da, während Münzer glücklicherweise in Wahrheit nur enthauptet worden ist, mit sichtlichem Beifall folgende Todesart desselben:

---

[1] L. Werke E. A. 21, 292 ff. 307. 317 f. 65, 22.
[2] An m. Kritiker S. 112.
[3] Strobel, Beiträge zur Litteratur ꝛc. 2, S. 57 f.

„man hat ihn gebraten, nicht wie St. Laurentium, sondern man hat ihn gestellt an einen Baum mit Ketten, hat müssen um das Feuer laufen als lang bis ihm die Seele ausging." Das, sagt Cochläus, habe Münzer „wohl verdient." Was hätte Janssen daraus gemacht, wenn er irgendwo derartige Aeußerungen bei Luther gefunden hätte? Wo Solches aus katholischem Munde kommt, bleibt es immer unerwähnt.

2.
Luthers Grundsätze, Charakter und Wirksamkeit überhaupt.

Es ist Zeit, daß wir im geschichtlichen Verlauf von Luthers reformatorischem Wirken, bei welchem wir so den Sinn unseres „Historikers" für's thatsächliche kennen lernten, innehalten, um auch nach seiner Darstellung der Principien selbst zu fragen, welche dort bei Luther wirksam waren. Janssen kommt da immer wieder[1]) auf die dogmatischen Hauptsätze von der Unfreiheit des menschlichen Willens und von der Glaubensgerechtigkeit, welche ihm die Grundirrthümer und die Quellen des Bösen in der Reformation sind. Damit verbindet sich bei Luther eine Feindschaft gegen das katholische Kirchentum, welche in dem Satz, daß der Papst der Antichrist sei[2]), gipfelt.

Von jenen beiden Lehren tritt indessen doch die eine, die von der menschlichen Unfreiheit, gegen die andere in ihrer Bedeutung soweit zurück, daß wir hier, um dogmatische Erörterungen neben den rein geschichtlichen möglichst zu vermeiden, auf eine eingehendere Erörterung der letzteren uns beschränken können. In betreff jener sei nur so viel hier bemerkt, daß Luther für sie bei Augustin keineswegs blos, wie Janssen sagt, Stützpunkte zu finden glaubte, sondern, wie jeder wirkliche Historiker anerkennen muß, sie wirklich gefunden hat, während Janssen jeder geschichtlichen Untersuchung über das Verhältniß beider in dieser Lehre zu einander sich entzieht; und ferner, daß doch auch Luther zwischen dem Willen des natürlichen Menschen, auf welchen zunächst die Aussage von der Unfreiheit geht, und zwischen dem Willen des erlösten und wieder-

---

[1]) J. B. Bd. 2 S. 74. ff.
[2]) Ebendas. 2, 82.

geborenen Christen einen Unterschied macht, während hiervon Janssen nirgends Notiz nimmt.

Die Luther und der Reformation eigenthümliche Grundlehre ist jedenfalls erst die von der Rechtfertigung. Janssen redet zuerst immer nur davon, daß nach Luther jeder, der glaube, auch schon die ganze Gerechtigkeit habe, alle Gebote erfüllt habe, von allen Dingen frei sei u. s. w. Erst als das „wüste Wesen" der Wittenberger Reformer 1522 auch einem Luther zu arg wurde, läßt ihn Janssen [1]) aussprechen, daß „der Glaube ohne die Liebe nichts werth sei." Nachher [2]) hat er zugestanden, daß „an manchen Stellen" die Reformatoren auch gelehrt haben, aus dem Glauben sollten gute Werke folgen. Zugleich aber erklärt er, daß Luther so deutlich als möglich den guten Werken der Christen jeden Einfluß auf ihr Verhältniß zu Gott abgesprochen habe; endlich: Luther habe „bekanntlich sogar auch gelehrt", daß alle guten Werke Sünde und dem Menschen schädlich seien.

Der letzte Satz Janssens bedarf keiner Widerlegung, ehe Janssen die Stellen nennt, aus denen er ihn entnehmen will und über deren groben Mißbrauch durch Janssen wir dann reden können. Gegenüber jenem Zugeständniß aber, welches Janssen in Betreff „mancher" anderen Stellen gemacht hat, fragen wir, ob wohl unter allen den vielen Schriften und Predigten Luthers, welche den Heilsweg aus einander setzen, Janssen auch nur eine einzige auftreiben könnte, die nicht neben der Bedeutung des Glaubens für die Rechtfertigung auch seiner sittlichen Früchte und vor allem der Liebe gedenken würde. Luther hat, wie Janssen [3]) weiß, in jenen Wittenberger Predigten 1522 nachdrücklich daran erinnert, daß er schon von Anfang an „fast in allen seinen Büchlein nichts anderes als den Glauben und die Liebe getrieben" habe, und Janssen selbst hat, indem er diese Worte gelegentlich anzuführen hatte, ihnen eine Unwahrheit vorzuwerfen nicht gewagt. Wir erinnern auch daran, was gerade gegen die sittliche Trägheit und im Interesse wahrhaft sittlicher Früchte jene 95 Thesen Luthers in Wirklichkeit, wenn auch nicht bei Janssen, enthalten. Von jenen vielen Büchlein Luthers wird doch wohl wenigstens die köstliche,

---

[1]) Ebendas. 2, 217.   [2]) An m. Krit. S. 84 f.
[3]) Geschichte 2, 217.

gewaltige und tief erbauliche Schrift von der Freiheit eines Christenmenschen 1520, in welcher er die „Summe eines christlichen Lebens begreifen" und zugleich die päpstliche Heiligkeit „schmecken" lassen wollte „mit welcherlei Arbeiten er gern und fruchtbarlich umginge", — sie wird, sage ich, auch Janssen nicht ganz unbekannt sein, wenn er sie gleich in seinem Werk nur dadurch ehrt, daß er sie einfach übergeht und so ganz mit seiner Behandlung verschont. Da hören wir, in welchem Sinn der Glaube allein selig mache und dem gläubigen Gotteskind alle Dinge frei seien; da nicht minder, wie aus dem Glauben „die Lieb und Lust zu Gott fließe" und „aus der Lieb ein frei, willig, fröhlich Leben dem Nächsten zu dienen umsonst", ja daß ein Christenmensch gar nicht mehr sich selbst lebe, sondern in Christo durch den Glauben und im Nächsten durch die Liebe. Oder hatte Janssen, wenn er nur eine noch kürzere Ausführung benutzen wollte, nicht neben Luthers Vorrede zum Jakobusbrief, über dessen angebliche Verlästerung bei Luther er sich ärgert, auch die Vorrede zum Römerbrief, wonach wahrer Christenglaube ein „lebendig, geschäftig, thätig Ding" ist und „einen willig und lustig macht, jedermann Gutes zu thun", ja wonach es eben so unmöglich ist, Werke vom Glauben als brennen und leuchten vom Feuer zu scheiden? Sogar den Begriff der Gerechtigkeit, der nach der katholischen Theorie nicht auf eine Glaubensgerechtigkeit im Sinne Luthers, sondern nur auf die eigene, mit Hilfe des göttlichen Geistes erlangte Gerechtigkeit der Christen angewandt werden sollte, hat doch auch Luther, und zwar nicht etwa erst seit seinen bösen Erfahrungen vom Jahre 1522, zugleich auf diejenige ganze neue Sittlichkeit, Tugendhaftigkeit und guten Früchte der Gläubigen selbst angewandt, worin er nach dem vorhin Gesagten eben die nothwendige Frucht eines ächten Herzensglaubens und der in ihm gewonnenen Versöhnung mit Gott sah. Nur bleiben ihm diese Gerechtigkeit und ihre Werke immer zu unvollkommen und mit Sünde befleckt, als daß sie das sein könnten, wodurch man vor Gottes Gericht bestehe, oder daß sie gar Verdienste heißen dürften.[1])

Andererseits haben, was Janssen wieder völlig verschweigt, damals auch gut katholisch gesinnte, ehrliche Männer in Deutsch-

---

[1]) Vgl. besonders die Predigten über „Justitia" Opp. v. a. Vol. 2 p. 322 sqq.; M. Luther B. 1 S. 292 (2. Aufl. S. 295); Weiteres in meinem Buch „Luthers Theologie rc. 1863".

land jene evangelische Lehre von der Glaubensgerechtigkeit doch
ganz anders als ein Janssen verstanden und gewürdigt. Ich er=
innere nur wieder an Staupitz, der nicht der Einzige war. Ja auf
dem Regensburger Religionsgespräch 1541 haben die vom Kaiser
dafür bestellten katholischen Theologen einer Formel zugestimmt, von
welcher zwar Janssen¹) klüglicherweise nur sagt, daß sie zweideutig
sei und den Zwiespalt verdecken sollte, ohne irgend etwas von
ihrem Inhalt mitzuteilen, und gegen welche allerdings auch Luther
immer noch Argwohn behielt, in welcher aber die Grundbestim-
mungen der evangelischen Lehre aufgenommen und die nach Janssens
eigener Lehrdarstellung ²) wichtigsten römisch katholischen Sätze preis=
gegeben waren. Da heißt es z. B.: durch lebendigen Glauben sind
wir gerechtfertigt, nämlich vor Gott zu Gnaden angenommen; der
also Gerechtfertigte hat durch Christus auch eine ihm inwohnende
Gerechtigkeit, aber der Gläubige stützt sich nicht auf diese: gerecht=
fertigt oder bei Gott für gerecht angenommen werden wir durch
den Glauben, nicht vermöge eigener Würdigkeit; um jener uns in=
wohnenden Gerechtigkeit willen heißen wir deswegen gerecht, weil wir
nun auch das, was recht ist, thun, und Gott giebt (was auch Luther
mit Worten der Schrift anerkannte) diesen Werken einen Lohn,
aber derselbe wird ihnen nicht wegen der Substanz der Werke
selbst, sondern als solchen, die im Glauben geschehen, zutheil. Der
lutherischen Lehrzuspitzung gegenüber, daß der Glaube „allein"
rechtfertige, wird nur gefordert, daß man zugleich von Buße,
Gottesfurcht, göttlichem Gericht, guten Werken u. s. w. lehre, und
an diesem „zugleich" hat es schon vorher in der Lehre Luthers
und der protestantischen Bekenntnisse nicht gefehlt. Während Janssen
mit großem Gewicht als ewige Wahrheit proklamirt, „daß der
Gerechte durch seine guten Werke den Himmel sich zu verdienen
vermag und verdienen soll," ist vom Verdienst der Werke dort gar
nicht mehr die Rede.³) Und dieser Lehrfassung haben in Regens=
burg, was Janssen wieder verschweigt, nicht bloß die guten Katholiken Gropper und Julius von Pflug, welche Janssen als klägliche

---

¹) Geschichte 3, 419.
²) An m. Kritiker a. a. O.
³) Vgl. besonders: Hergang, Religionsgespräch zu Regensburg; M. Luther
B. 2 S. 527 f. (2. Aufl. 518 f.) und die dort angeführten Arbeiten Briegers
über Contarini.

„Mittelmänner" verachtet, sondern auch der päpstliche Legat Contarini zugestimmt, wenn dieser auch, wie Janssen berichtet, die letzte Entscheidung noch dem Papst und einem Conzil vorbehalten mußte. Er hat zugestimmt kraft eigener Ueberzeugung, wie auch eine von ihm selbst verfaßte Abhandlung zeigte. Oder meint etwa Janssen auch auf Contarinis Nachgiebigkeit in diesem Stück hätten, wie er es den kaiserlichen Räthen vorwirft, die „Verehrungen" freigebiger protestantischer Fürsten eingewirkt? Der wichtigste Versuch der Glaubenseinigung für Deutschland und die ganze Kirche, der auf jenem Gespräch noch gemacht wurde, ist überhaupt nicht sowohl an den tiefsten Fragen der Heilsordnung und des inneren religiösen Lebens gescheitert, als vielmehr an Fragen, bei welchen es sich um die Macht und Herrlichkeit der Hierarchie und des Papstthums handelte, wie bei der päpstlichen Gewalt, den äußern kirchlichen Autoritäten und Satzungen, dem priesterlichen Meßopfer und allem, was damit zusammen hängt. Von den Fragen ersterer Art hatte Luther schon in seinen Schmalkalder Artikeln gesagt: „wir mögen sie mit Gelehrten, Vernünftigen, oder unter uns selbst handeln: der Papst und sein Reich achten derselben nicht viel, denn conscientia ist bei ihnen nichts, sondern Geld, Ehr und Gewalt ists gar."

Nach einem Janssenschen Citate [1]) freilich hätte dann doch Luther selbst bekannt, daß in Wirklichkeit die evangelische Lehre mit ihrem Wort von Gnade und Glauben jene Früchte nicht hervor bringe, sondern im Gegentheil die Leute immer ärger mache; Luther bekenne: „die Welt wird aus dieser Lehre nur je länger je ärger". Aber das Citat ist wieder ein echt Janssen'sches. In Wirklichkeit nämlich sagt Luther dort [2]) nicht, daß die Welt ärger werde, weil und wo man diese Lehre annehme, sondern weil und wo dieselbe auch inmitten vieler Evangelischer eben nicht angenommen werde. Gleich in den daneben stehenden Sätzen, die Janssen wegläßt, frägt er weiter nach dem Grunde des Aergerwerdens: „Was machts? anders nichts, denn daß man diese Predigt nit mit Freuden annimmt, sondern schlägt es in den Wind, nimmt sich mehr um Geld und Gut an, denn um den seligen Schatz, welchen unser Herr Christus

---

[1]) Geschichte 3, 65.
[2]) Werke E. A. 2. Aufl. B. 1 S. 14 f.

zu uns bringet." Diese Undankbaren, sagt er, strafe Gott damit, daß, wo vorher Ein Teufel sie geritten habe, jetzt sieben ärgere sie reiten sollen. Bei denen aber, welche die Predigt mit Dank annehmen, ist und bleibt er der Frucht gewiß, daß sie „von Tag zu Tag gehorsamer, freundlicher, züchtiger und frömmer werden."

Sehr natürlich ist Janssens Entsetzen über die Bezeichnung des von ihm für den Stellvertreter Christi gehaltenen Papstes als des Antichrists oder Widerchrists, seltsam aber die Unklarheit, worin er seine Leser über die eigentlichen Gründe dieser Bezeichnung bei Luther läßt. Ja er führt uns da geradezu irre, indem er die Worte eines zwar protestantischen, aber sehr katholisirenden Vorgängers, nämlich Vorreiters, sich aneignet:[1] „Ist dieser Satz (daß der Papst Antichrist sei) nicht rein Ausdruck revolutionären Sinnes, welcher den Grund des gemeinsamen Verderbens, welches natürlich in den regierenden Häuptern des kranken Organismus am schärfsten hervor tritt, auch dort entstehen sieht? haben wir hier etwas anderes als die Gedanken der Revolutionäre Frankreichs, welche die unzweifelhaften Sünden vom Hof, Adel und Geistlichkeit als die einzige Quelle alles Unheils angesehen haben?" Hätte Luther in dergleichen Sünden der Päpste den Beweis für ihr Antichristenthum gesucht, so wäre ihm ja dafür ein überaus reiches Material vorgelegen, nicht blos bei gewissen Päpsten der jüngsten Vergangenheit, bei denen keine Art von Schandthat unvertreten ist, sondern auch bei den gegenwärtigen Päpsten, die ihn selbst als einen unsittlichen Menschen verlästerten. Hat doch auch Janssen, während er die heiligen Väter gar zart zu behandeln und ihre Schwächen und Sünden in seiner Schilderung der öffentlichen Zustände fein zu verstecken weiß, ja während er z. B. gewisse Verwandte Papst Pauls III. in die Geschichte einführt, die Art der Verwandtschaft aber, nämlich das natürliche Vater= und Großvaterverhältniß Pauls zu ihnen, verschweigt, dennoch gewisse „menschliche Schwächen und Gebrechen" bei Leo, Clemens und Paul zugegeben.[2] Aber nie, auch nicht bei dem durch und durch weltlich gesinnten und sinnlichem wie geistigem Genuß ergebenen Leo, in welchem Luther zuerst den Vertreter des Antichristenthums mit Grauen erkannte,

---

[1] Geschichte 2, 102.
[2] An m. Krit S. 157.

ist es eine persönliche Unsittlichkeit der Päpste, um deren willen er im Papstthum das Antichristenthum, in den Päpsten den Antichrist sieht. Es ist vielmehr immer und überall die gottwidrige Selbstüberhebung dieses Amtes und seiner Vertreter, die Selbstüberhebung womit sie die göttliche Wahrheit in ihrem Herzensschrein besitzen und darnach über das ursprüngliche, in der heiligen Schrift enthaltene Gotteswort richten und die Gewissen der Gläubigen knechten wollen, die Selbstüberhebung, womit sie als die höchsten Inhaber des geistlichen und weltlichen Schwertes auch die Oberherrschaft über das weltliche Gebiet und die hier von Gott verordneten Obrigkeiten sich anmaßen und, wenn sie es für nützlich finden, die Eide der Unterthanen lösen, von beschworenen Verträgen entbinden und dgl., die Selbstüberhebung womit sie, wie Luther sagt, sich selbst zu Gott machen. Es ist ferner die Lüge, welche hiefür ihr Mittel ist: grober und feiner Betrug, Fälschung der Geschichte, Fälschung von Urkunden u. s. w.; wir können noch in Luthers Schriften und Briefen verfolgen, wie er durch sein Studium der Geschichte des päpstlichen Rechtes unter tiefer innerer Erschütterung zu diesem Urtheil sich getrieben fand. Es ist, wie gesagt, seltsam, daß Janssen hierüber[1]) und so auch über seine eigene Stellung zu jenen bestimmten Erklärungen Luthers so wenig uns sagt. Ich muß meinerseits ihm offen bekennen, daß auch ich zwar im Papstthum nicht das Antichristenthum schlechthin, wohl aber eine fortschreitende und namentlich seit der Reformation bis zum Vaticanum noch bedeutend weiter fortgeschrittene Verwirklichung des Antichristenthums sehe.

Wie es nun mit der Wahrheit und dem Werth jener Lehren und Grundsätze stand, welche Luther sich angeeignet hatte und vortrug, davon zeugen nach Janssen schon genügend die eigenen Bekenntnisse Luthers über die Vorgänge und Zustände seines Herzens und Gewissens. Solche Bekenntnisse liegen aus dem ganzen Leben des Reformators zahlreich uns vor. Auch wir Protestanten kennen recht wohl seine Erzählungen, wie sein Herz anfänglich oft gezappelt habe, ob er denn allein klug sein, unter den vielen Irrenden allein die Wahrheit gefunden haben sollte. Wir wissen, daß es nach seinem eigenen Bekenntniß ihm schwer fiel, auch von der Lehre so

---

[1]) Auch z. B. aus Anlaß der Leipziger Disputation. Gesch. 2, 87.

trefflicher Männer, wie eines Ambrosius oder Augustinus abzuweichen. Wir hören, wie auch das Zettergeschrei „Kirche, Kirche" ihn gekränkt habe. Auch später noch bekennt er, daß es nicht leicht und nur durch Gottes Gnade möglich sei, dem allen gegenüber bei der aus Gottes Wort erkannten Wahrheit stand zu halten. Wir sehen hierin klare Zeugnisse, daß er nicht mit dem leichtsinnigen Hochmuth, den ihm die Papisten vorwerfen, seine schwere Bahn eingeschlagen und verfolgt hat, und nur um so mehr freuen wir uns der großen Ruhe und Sicherheit, mit der er dennoch bei der Wahrheit beharrt, die auch uns aus jenem Worte gewiß geworden ist. Wir freuen uns der schlichten, herzlichen, nichts weniger als forcirten Worte, mit denen er diese Sicherheit ausspricht. Dagegen stellt Janssen [1]) solche Bekenntnisse als den Ausdruck unaufhörlicher, jämmerlicher Gewissensbisse dar, die er nie habe los werden können, bei denen er vergeblich mit der Annahme, daß er doch den „einigen Christus" lehre, sich habe beruhigen wollen und zu deren Beschwichtigung er dann in den über alle Maßen leidenschaftlichen entsetzlichen Ton seiner Polemik sich hinein gearbeitet habe. Ob Janssen oder wir recht haben, möge man beurtheilen, indem man die Schriften und Reden, auf welche Janssen sich beruft, wirklich liest. Man lese z. B. nur die ganze Predigt,[2]) aus welcher Janssen a. a. O. jene auch von uns erwähnten Sätze von Ambrosius und Augustinus und hernach die Sätze von jenem Zettergeschrei „Kirche, Kirche" beibringt. Sie werden sich schon dann anders ausnehmen, wenn man zwischen ihnen gleich den Satz liest, der in der Predigt zwischen ihnen steht, von Janssen aber weggelassen ist: „aber dennoch muß mir der einige Mann, mein lieber Herr und Heiland Jesus Christus ja mehr gelten, denn alle heiligste Leute auf Erden" u. s. w. Neben jene Bekenntnisse Luthers stellen ferner wir seine von Janssen übergangenen, eben so demüthigen als getrosten Aeußerungen darüber, daß er selbst seines Werkes sich gar nicht rühmen dürfe, daß ihn Gott ohne sein Wissen und Wollen in jene Bahn hinein geführt habe; ferner gar ernste Aeußerungen über Anfechtungen, die ihm der Teufel auch jetzt noch wegen seiner amtlichen Thätigkeit bereite, aber nicht etwa wegen

---

[1]) Vgl. besonders Geschichte 2, 176 ff.
[2]) V. Werke E. A. 16, 226 ff.

einer Thätigkeit, die er jetzt übe, sondern wegen derjenigen, die er einst in dem abgöttischen Meßdienst so lange Zeit getrieben habe.[1]) Und gerade in den Zeiten der größten Spannung und schwerster Entscheidungen leuchtet ja jene Glaubensgewißheit bei ihm besonders voll, fest und rein. Was wollen alle jene Janssenschen Mißdeutungen auch nur gegen die Briefe, welche er 1530 von Koburg aus geschrieben hat?[2])

Sehr wohl zu unterscheiden haben wir von jenen Bedenken, die er in Betreff seiner großen Sache empfunden zu haben bekennt, diejenigen anderen Anfechtungen, welche er bezüglich seines persönlichen Verhältnisses zu dem von ihm selbst gepredigten gnädigen Gott fühlte, und eine Schwäche des persönlichen Glaubens, mit welcher er der evangelischen Wahrheit überhaupt gegenüber, ja gar aller religiösen Wahrheit gegenüber oft zu ringen hatte. Von diesem Unterschiede weiß Janssen nichts, indem er vielmehr ganz verschiedene Aussagen zusammen wirft und mißbraucht.[3]) Luther weist auf denselben auch in ausdrücklichen Worten oft genug hin, indem er für die Sache des Evangeliums nie besorgt sein will, sondern sie ruhig Gott anheim giebt und zugleich über seine persönlichen Beängstigungen seufzt.[1]) Es sind Beklemmungen und Aengste, wie er sie schon als strenger Mönch und als Student erfahren hat, dort noch keinen Ausweg aus ihnen findend, jetzt immer neu sie überwindend im festhalten an dem Heiland. Sehr deutlich können wir auch aus seinen und seiner Freunde Briefen einen Zusammen-

---

[1]) So in der Schrift „Von der Winkelmesse 2c." E. A. 31, 307 vgl. M. Luther B. 2 S. 310 f. (2. Aufl. 315 ff.); Vorgänger Janssens haben die von ihm übergangene Stelle wunderlich mißverstanden und verdreht.

[2]) In L. Briefen B. 4; Auszüge in meinen beiden Lutherbiographien, noch weiter in: Zitzlaff, Luther auf Koburg 1882.

[3]) Man möge zu dem, was ich hier und weiterhin sage, auch die von J. selbst citirten Stellen nachlesen; weiter vgl. meine ausführlicheren Mittheilungen mit Citaten in M. Luther, besonders B. 2 S. 504 (2. Aufl. S. 522).

[4]) So schreibt Luther z. B. 1530 an Melanchthon (Briefe B. 4 S. 62): in der Sache des Evangeliums, der evangelischen Kirche u. s. w. fühle er sich ganz sicher und ruhig, ganz anders als der angefochtene Melanchthon, in seinen persönlichen Anfechtungen sei er schwach und habe darin schon Schwereres durchgemacht, als jener wohl jemals durchzumachen haben werde.

hang derselben mit körperlichen Leiden, besonders schweren Herz-
affektionen wahrnehmen, worüber Janssen bei seiner ganzen weit-
läufigen, traurigen Ausführung wieder schweigt. Da bedrängten
ihn Zweifel an der göttlichen Gnade und dem Heilsweg überhaupt
oder am Inhalt des Evangeliums, so wenig er auch daran zweifelt,
daß dieß so und nicht anders in der Bibel stehe; und Zweifel
waren es namentlich darüber, ob denn auch speziell er selbst, dieser
bestimmte einzelne Sünder, an jenem Heil Theil haben solle. Von
seiner persönlichen Sündhaftigkeit und Unwürdigkeit, die von Jugend
auf so schwer ihn drückte, redet er hierbei, keineswegs von einer
Verschuldung durch Abfall von der römischen Kirche. In diesem
Sinn sagt er auch in einer von Janssen[1]) beigezogenen Tischrede,
er sei sich selbst darum feind, daß er der Lehre vom Heil in Christo
so wenig vertrauen könne, während doch alle seine Schüler sie bis
auf ein Nägelein zu kennen vermeinen. Wie tief und innig doch
gerade er sie erfaßte, zeigt uns z. B. eine Antwort von ihm an
Jonas, der mit ihm von der Schwierigkeit des Glaubens redete[2]):
„ja, lieber Jonas, wenn es einer könnt so glauben, wie es dasteht,
so müßt eines Herz vor Freude zerspringen." Dazu erhob sich bei
ihm wieder die Frage, die ihn schon im Kloster gepeinigt, wie denn
die Unbedingtheit des göttlichen Willens mit der Gewißheit des
menschlichen Heiles und seiner eigenen Seligkeit sich vertrage, und
die Frage, ob denn Gott nicht gar Unrecht thue. Als unbegreiflich
für uns und als Gegenstand eines Herzensglaubens, der in der
eigenen Schwachheit nur durch Gottes Kraft aufrecht erhalten
werde, stand endlich Gott und das Göttliche überhaupt vor ihm.
So hat er von der Schwäche seines Glaubens geredet, während er
nur um so inniger im Glauben an seinen Gott festhielt und diesen
um Stärkung des Glaubens anrief. So hat er auch in einem
Worte, das dort Janssen wieder für seinen Zweck mißbraucht, auf
die Klage eines Predigers, nicht glauben zu können, was er andern
predige, tröstend geantwortet, daß es ihm auch so gehe. Janssen
hätte aus Mathesius, aus dessen „Historien" er dieses Wort ent-
nimmt, auch noch ein ähnliches mittheilen können, das Luther einem
Bauern erwiderte, als dieser auf die Frage, was „Gott der All-

---

[1]) Geschichte 2, 178.
[2]) M. Luther 2. Aufl. B. 2 S. 522 f.

mächtige" heiße, antwortete: „ich weiß nicht"; Luther erwiderte: „ja, ich und alle Gelehrte wissens auch nicht." Auch an dem Glaubenswort vom „himmlischen Vater" bekannte Luther täglich noch mit seinem Hänschen und Lenchen lernen zu müssen. Von den Gewissensbedenken der ersten Art ist also hier nicht die Rede, mag man im Uebrigen Luthers Worte und Zustände verstehen und würdigen wie man will. Fälschlich behauptet Janssen auch, daß Luther bezüglich jener Wahrheit seiner Predigt in allen seinen Schriften die zuversichtliche Sprache führe, in den Unterredungen mit seinen Freunden oft eine ganz andere. Denn die Bedenken der ersten Art geben sich in den Briefen oder Gesprächen gar nicht mehr als in den Predigten und Schriften kund. Und von einer Schwäche des Glaubens, an welcher wahre Christen bei aller objektiven Gewißheit des Evangeliums oft leiden müssen und von welcher er aus eigener Erfahrung zu reden wisse, hat er oft genug auch öffentlich gesprochen.

Dem Gebrauche gegenüber, welchen ältere katholische Gegner und Lästerer mit besonderer Lust von gewissen Worten Luthers gemacht haben und welcher auch bei Janssen nicht ganz fehlt, müssen wir Luthers Aeußerungen über seine und fremde Anfechtungen auch noch nach einer andern Seite hin verfolgen. Neben jenen schweren innern Kämpfen mit hohen Problemen und einem ernsten Sündenbewußtsein kennt er jetzt auch krankhafte Gewissensskrupel, wie er sie lange selbst über Dinge, die in Wahrheit gar nicht Sünde seien, gehegt habe. Manchen schwermüthigen Freund hatte er unter denselben aufzurichten und vor ihnen zu warnen. Er thut es in vertraulichen Briefen und Reden, nach seiner Weise oft Scherz und Ernst verbindend. Da ermahnt er, dergleichen vom Teufel kommende Gedanken nicht bei sich einnisten zu lassen, sie sich aus dem Kopfe zu schlagen, wohl auch, statt krankhaft peinlichen Maßhaltens in Speisen, Reden, Scherzen u. s. w. ein wenig, wie wir es auszudrücken pflegen, über die Schnur zu hauen, oder wohl auch dadurch, daß man irgend einen andern Affekt in sich rege werden lasse, die leeren bösen Einreden des Teufels sich aus dem Sinn zu treiben. Von sich selbst sagt Luther, er habe gegen diese namentlich auch schon im Genusse des Umgangs mit seiner Ehefrau Hilfe gesucht. Janssen aber hebt nun hier ganz speziell einen Ausspruch hervor: „man solle an ein schönes Mädchen, an Geiz oder an einen Rausch denken."[1]) In den von ihm citirten Schriften Luthers steht derselbe nicht, sondern nur in einer Tischrede, die er bei Döllinger[2]) angeführt fand. Hätte er in den Sammlungen der Tischreden, die uns gedruckt vorliegen, sich nach ihr umgesehen, so hätte er gefunden, daß Luther dort ausdrücklich sagt: ihm selbst habe bei schweren Anfechtungen auch jene Hilfe seiner Frau wegen der Verderbtheit unserer Natur nichts genützt, dann allerdings fortfährt, daß, wer mit solchen andern Gedanken sich helfen könne, es thun möge, sofort aber auch beifügt: das höchste Heilmittel sei doch der Glaube an Christus. Dahin gestellt mag bleiben, wie weit das Wort ächt ist, dahin gestellt auch ob es so wie bei Janssen als charakteristische Aussage Luthers hervorgehoben werden durfte. Auf keinen Fall aber durfte es, wie bei Janssen, in einem Bericht über die Mittel angeführt werden, mit welchen Luther sein Gewissen wegen seiner Lehre und seines Abfalls von der Kirche habe beschwichtigen wollen.

Auch davon, daß Luther gar mit dem Teufel selbst zu kämpfen gehabt und in allen möglichen Gestalten ihn zu sehen geglaubt habe, erzählt Janssen des weiteren in diesem Zusammenhang. Er hätte dann nur auch erzählen sollen, wie viel oder wenig Luther doch aus diesem Feind trotz seiner „großen Macht und vielen List" sich machte, ja mit welch derbem Humor er ihn oft zu behandeln sich erlaubte.

Die richtigste Entscheidung übrigens für die Frage, um was es bei Luthers schweren Anfechtungen eigentlich sich handelte und wie es unter ihnen wirklich mit seinem Innern bestellt war, läßt sich ja wohl da gewinnen, wo die schwersten Augenblicke für ihn eintraten und er auch schon dem Tod unmittelbar in's Auge sah; Wir haben da[3]) namentlich aus dem Jahr 1527 einen eingehenden von einem Augenzeugen verfaßten Bericht über eine außerordentliche Seelenangst, die mit einer heftigen Erkrankung über Luther kam, sodann fortgesetzte briefliche Aeußerungen Luthers unter langen,

---

[1]) Geschichte 2, 180.
[2]) Döllinger (die Reformation B. 3 S. 257) hat sie nicht, wie es dort scheinen könnte, aus Luthers Briefen, sondern aus der nachher citirten Rebenstock'schen Ausgabe der Tischreden; seither ist sie aus älterer Quelle und mit einigen Abweichungen veröffentlicht in den Colloquia etc. ed. Bindseil vol. 2 p. 299 sq.
[3]) Vgl. Stoff und Nachweise in meinen beiden Lutherbiographien.

peinlichen, leiblichen und psychischen Nachwirkungen dieses Anfalls; eben so den ausführlichen Bericht eines Augen= und Ohrenzeugen über seine Reden unter dem furchtbar schmerzlichen, schon auf's Aeußerste fortgeschrittenen Blasenleiden in Schmalkalden 1537; desgleichen einen Bericht über die Worte in seiner letzten Todesnoth. Von Bedenken darüber, ob er in seiner Lehre und seinem Beruf irre gegangen sei, wird hier auch Janssen keine Spur finden, vielmehr nur Ausdruck des Dankes gegen Gott, daß dieser ihm seinen Sohn geoffenbart habe und der getrosten Bitte, seine Seele aufzunehmen. Von allen diesen so wohl bezeugten Reden aber hat Janssen so viel er sonst von unsicheren Tischreden für seine Zwecke aufnahm, wieder vollständig geschwiegen. Statt dessen weiß er[1]) nur von angeblichen schrecklichen Reimen des kranken Luthers auf den Papst und theilt dann getreulich einen einzelnen Ausruf wieder, welchen derselbe nach jenen Berichten wirklich auf der qualvollen Fahrt von Schmalkalden nach Tambach einmal gethan hat: „ach daß ein Türke da wäre, der mich schlachtete": dann schweigt er wieder von den frommen dankbaren Worten, mit welchen Luther wenige Stunden nachher die ihm von Gott geschenkte Rettung meldete. Ueber die Janssen'sche Erzählung von Luthers Tod unten!

Luthers ganzes Verhalten und Wirken entspricht dann in der Janssen'schen Darstellung dem Baum, auf welchem diese Früchte gewachsen sind. Es genügt zur Charakteristik derselben, den Mittheilungen über die Periode bis 1525 noch weniges aus der späteren Zeit und von den Gesichtspunkten und Entdeckungen, die uns hier weiter vorgetragen werden, beizufügen.

Wir wissen schon vom Anschlag der 95 Thesen und vom Wormser Reichstag her, wie thöricht wir bisher waren, unserem Reformator auch nur wenigstens kühnen Muth beizulegen. Es kommt ihm hiefür auch nicht etwa zu gute, daß er 1522 ohne jeden Schutz und gegen den Willen seines Landesherren keck auf eigene Faust von der sichern Wartburg trotz Bann und Acht nach Wittenberg ritt, oder daß er persönlich unter die sich zusammenrottenden Bauern hineintrat, oder daß er 1527 unter den Schrecken der Pest trotz des Abzugs der Universität und trotz der Mahnung seines Fürsten, mit abzuziehen, in Wittenberg verblieb, um Gesunden und Kranken

---

[1]) Geschichte 3, 348.

als Seelsorger beizustehen, was in der römischen Kirche wohl besondern Anspruch auf Heiligkeit gegeben hätte. Von allen derartigen Thatsachen weiß ja Janssen nichts. Wohl aber schildert er[1]) uns eine krankhafte Furcht des Reformators vor Verfolgung und Meuchelmord, die zu einer „förmlichen Monomanie" geworden sei. So, weil Luther ein paar mal Freunden erzählt hat, daß man ihn auf Anschläge gegen sein Leben aufmerksam gemacht habe. Von Aeußerungen Luthers, welche eine Angst darüber verrathen hätten, hatte Janssen lediglich nichts beizubringen: Luthers Freunde und seine Frau mußten ihn vor der ihm eigenen Sorglosigkeit warnen. Wie weit in jenen Fällen die Anzeichen beabsichtigten Meuchelmords begründet waren, können wir nicht mehr entscheiden. Was aber papistischem Fanatismus damals und später möglich war, ersehen wir aus sicheren andern Thatsachen. So ist (was damals großes Aufsehen machte, von Janssen aber übergangen wird) in Deutschland zu Luthers Lebzeiten ein sonst durchaus unbescholtener und stiller junger Spanier, Johann Diaz, weil er zum Evangelium übertrat, durch seinen eigenen Bruder meuchlerisch umgebracht, und diesem ist vom Papst Absolution und Sicherheit vor dem weltlichen Gericht ertheilt worden; ein Mörder Luthers, dieser „Bestie", wie man ihn beim römischen Stuhl zu nennen pflegte, hätte da wohl auf himmlischen und irdischen Lohn hoffen mögen.

Auch mit der Selbstständigkeit und Festigkeit Luthers bei seinem Wirken und Kämpfen, ob's nun ein gutes oder ein böses war, ist's nichts. So hat er ja in Worms nach Janssen als Kamerad Huttens sich durch jene Adeligen leiten lassen. Aehnliches wiederholt sich nachher nach den verschiedenen Seiten seiner Thätigkeit hin, nur daß es jetzt Fürsten sind, deren Wünschen oder auch Befehlen er folgt.

So ist es nach Janssen bei Luthers positiven Reformen sogar mit der Einführung der deutschen Messe, d. h. des Gottesdienstes mit deutscher Liturgie und deutschen Gesängen, in Wittenberg gegangen. Bei Luther selbst lesen wir darüber, daß er schon zuvor wahre Theilnahme der des Lateins unkundigen Gemeindeglieder an jenen Stücken des Gottesdienstes wünschte und seinen Grundsätzen gemäß erstreben mußte, auch selbst mit der Abfassung deutscher Lieder sich beschäftigte und Freunde dazu aufforderte. Andrerseits

---

[1]) Geschichte 2, 98 f.

hatte er schon in seiner Schrift an den Adel erklärt, daß dessen, was Befugniß der Gemeinde und aller Christen sei, kein Einzelner ohne einen ihm eigens übertragenen Beruf sich anmaßen dürfe, hatte dort auch schon von dem Beruf geredet, vermöge dessen eine christliche Obrigkeit bei den Versäumnissen der gegenwärtigen Hierarchie der christlichen Gemeinde in kirchlichen Dingen zu Hilfe kommen sollte, und hatte vollends jenen stürmischen Wittenberger Reformern gegenüber vor jedem eigenmächtigen, subjektivistischen Eingreifen Einzelner gewarnt. So wagt er denn doch auch für seine eigene Person jene Formen nicht anzuordnen, bis er von allen Seiten her aus der Gemeinde darum angegangen und auch vom Landesherrn dringend darum ersucht wurde. Darauf hin erst ist er beruhigt, daß sein Vorgehen Gott gefalle und so bittet er dann auch auf der Kanzel seine Zuhörer: sie möchten Gott anrufen, daß er es ihm wohl gefallen lasse; denn man solle nichts anheben, man wisse denn, daß es Gott gefalle; so es nicht selber anfahe, werde nichts daraus; darum habe er sich auch so lang mit jener deutschen Messe gewehrt, um nicht den unbesonnen hinein plumpenden Rottengeistern Ursach zu geben; nun aber, da er so viel gebeten und von der weltlichen Gewalt gedrungen werde, sehe er hierin Gottes Willen.[1] Daraus nun macht Janssen kurzweg,[2] daß Luther die deutsche Messe „nicht aus eigenem Antrieb, sondern gedrängt von andern, insbesondere von der weltlichen Gewalt" eingeführt habe, und läßt ihn ganz allgemein sagen: „ob die neueingerichtete deutsche Messe Gott wohlgefällig sei, wisse er nicht." So entstellt und verdunkelt er, auch wo nicht einmal ein besonderes katholisches Interesse ins Spiel kommt, bei Wiedergabe Lutherscher Worte den Sinn Luthers. Nebenbei bemerkt er eben dort, man habe bei jener Anordnung darauf Rücksicht genommen, daß „das Volk" auf die Messe nicht habe verzichten wollen, während in Wittenberg und der Umgebung, wo jene Einführung jetzt erfolgte vorher gerade das aufgeregte Volk von einem gewaltsamen Losstürmen gegen Messe, Bilder u. s. w. durch Luther zu Gunsten der eben nicht mit dem Volk identischen „Schwachen und Einfältigen" hatte zurückgehalten werden müssen.

---

[1] Werke E. A. 2. Aufl. 14, 278.
[2] Geschichte 3, 61.

Bei dem für die Reformation so wichtigen Streit Luthers
mit dem Zwinglianismus und den ihm zugeneigten Oberdeutschen
erzählt Janssen[1]) Luthers Verhalten in den Verhandlungen, welche
zur Wittenberger Concordie mit den Oberdeutschen 1536 führten,
so: Luther habe 1534 trotz seiner früheren Verdammungsurtheile
gegen die Sacramentirer sich in einem Brief an den Landgrafen
Philipp zur Versöhnung bereit erklärt, habe weiter ausgesprochen,
daß die Gegner vielleicht aus gutem Gewissen mit dem andern
Verstand (d. h. in ihrer abweichenden Auffassung) gefangen seien
und er sie deshalb gern dulden wolle und habe, zufrieden mit
künstlichen Lehrerklärungen Butzers, in brüderlichen Briefen an die
Oberdeutschen versichert, daß alles für die Concordie bereit sei;
als aber die oberdeutschen Gesandten hierauf nach Wittenberg ge=
kommen seien, haben sie einen andern, als den hiernach von ihnen
erwarteten Luther vorgefunden, weil diesem kurz zuvor von seinem
Kurfürsten der Befehl zutheil geworden sei, jenen gegenüber streng
an der Augsburger Konfession zu halten, nach welchem Befehl
Luther jetzt gehandelt habe. Sieht man aber die von Janssen
selbst benützten Urkunden nach, so war der Verlauf vielmehr fol
gender. Indem Luther dort vom guten Gewissen der Oberdeutschen
und von Duldung gegen sie redete, hat er zugleich ausgesprochen,
daß wahrlich auch er in seiner eigenen Auffassung gefangen sei und
darum von Jenen geduldet werden müßte, hat sodann seiner eigenen
Auffassung gerade hier den allerschroffsten Ausdruck gegeben (daß
nämlich der Leib Christi mit den Zähnen zerbissen werde), und
hat, so lange diese Differenz der Auffassung bestehe, zwar die gegen
seitige Duldung empfohlen, aber von einer Einigung oder Concordie
schlechterdings nichts wissen wollen.[2]) Erst als ihm versichert
wurde, daß die Oberdeutschen schon getreu der Augsburger
Konfession gemäß lehren und ein Gegessenwerden des Leibes
Christi im Brot bekennen, also mit der Sakramentirerei gar nichts
gemein haben wollen, erklärte er zu einer Concordie sich bereit.
Vor der Ankunft jener Gesandten in Wittenberg erhob sich dann
bei ihm in Folge Zwinglischer Publikationen neuer Zorn gegen

---

[1]) Ebendas. S. 350 f.
[2]) Vgl. besonders den wirklichen Inhalt der auch von J. citirten Ur=
kunde: L. Briefe B. 4 S. 570 ff.

den Zwinglianismus und neuer Argwohn auch gegen die Oberdeutschen. Und er selbst war es, der jetzt dem Kurfürsten ankündigte, daß von Verhandlungen mit jenen wenig zu hoffen sei, worauf dieser sein Bedauern hierüber aussprach und ganz nach Luthers eigenem Sinn die Weisung gab, auf der Konfession auch ferner zu verharren.

Umgekehrt soll nach Janssen im Jahre 1537 der Kurfürst bei dem Convent in Schmalkalden eine Sinnesänderung den Schweizern gegenüber aus politischen Gründen für erforderlich gehalten und dem gemäß auch Luther trotz anfänglichen Widerstrebens seine Sprache gegen sie jetzt geändert haben.[1]) Aber Luther hat vielmehr schon seit der Wittenberger Concordie auch den Schweizern gegenüber seine Haltung geändert, mehr Hoffnung zu ihnen gewonnen, an den Basler Bürgermeister freundlich geschrieben. Weiter schrieb er diesem dann aus Schmalkalden ganz von sich aus am 17. Februar 1537: man möge mit Sänfte, gutem Gespräch und Gebet der Einigung nachtrachten, so werde Gott die Sache weiter führen. Und so schreibt er endlich nach dem Convent in dem von Janssen citirten Brief vom 1. December 1537: wenn man auf beiden Theilen im Trachten nach Einigung fleißig anhalte, werde ja wohl Gott seine Gnade geben, daß auch bei den anderen die Sache mit der Zeit zu todt blute; auf die noch bestehenden und von ihm sicherlich nicht übersehenen Differenzen läßt er sich, wie Janssen bemerkt, dabei nicht weiter ein. Aber eine wirkliche Einigung, wie sie mit den Oberdeutschen in Wittenberg geschlossen war, sieht er, was Janssen ganz verkennt, mit den Schweizern eben auch jetzt noch nicht erreicht. Andererseits hat er, was Janssen verschweigt, gerade jetzt in seinen Schmalkalder Artikeln für die Genossen seiner eigenen Kirche noch schärfere Sätze als in der Augustana über jenen Genuß des Leibes aufgestellt. So blieb auch das politische, für die Protestanten so wichtige Bündniß mit den Schweizern, um dessen willen Luther nach Janssen auf fürstlichen Befehl nachgegeben hätte, gerade auch jetzt unmöglich. Ueberall haben wir neue Beweise dafür, wie beharrlich Luthers Festigkeit oder nach Anderer Meinung sein Eigensinn einer Rücksichtnahme hierauf widerstrebte, wozu in Wahrheit nicht der stets nur seinem Rath

---

[1]) Geschichte x. 2, 353.

hierin folgende Kurfürst, wohl aber Philipp von Hessen so gern ihn gebracht hätte.

In der schwierigen Frage, ob die evangelischen Reichsstände einem gewaltsamen Einschreiten des Kaisers gewaltsamen Widerstand entgegen setzen dürften, soll Luther, der dies vorher bestritten hatte, 1530 einfach durch Philipp für die andere Ansicht, daß der Widerstand kein Bedenken habe, gewonnen worden sein.[1]) Aber warum übergeht Janssen, daß ihm die Juristen seines eigenen Landes schon vorher und wiederholt weit eingehendere Begründungen des Rechtes zum Widerstand auseinandersetzten? Und eine geschichtliche Betrachtung der Ansichten und Aeußerungen Luthers konnte leicht erkennen, daß diese auch selbst mit einer gewissen inneren Consequenz sich weiter entwickelten. Denn es ist doch von Anfang an nicht blos eine bestimmt gestaltete Obrigkeit gewesen, welche Luther auf göttliche Einsetzung zurückführte und für welche er Gehorsam forderte, sondern es sind die Obrigkeiten, wie und wo sie nun einmal nach göttlicher Fügung existiren, seis in streng monarchischer oder aristokratischer oder demokratischer Form und Ordnung. Und zu der positiven Ordnung des deutschen Reiches und Rechtes, wie sie ihm die Juristen auseinandersetzten, gehörte nun eben auch ein Recht des Widerstandes der Reichsstände gegen Rechtskränkungen von Seiten des Kaisers. Darüber ferner, was positives staatliches Recht sei, waren nach ihm eben die Juristen zu urtheilen berufen. Sache der Geistlichen und Theologen war für ihn nur zu ermahnen, daß Niemand über die ihm nach diesem Urtheil zukommenden Rechte übergreife. Wir sehen so hier, wie schon in den oben bemerkten Sätzen über den Staat, die Grundzüge einer neuen christlichen Anschauung von Staat und Recht überhaupt sich heraus entwickeln. Zugleich konnte Janssen, der in anderem Zusammenhang gegen Luthers undeutschen monarchischen Absolutismus loszieht, hier sehen, wie wenig es Luther an Sinn und Verständniß auch fürs eigenthümlich deutsche Staatswesen fehlte. Er aber sieht überall nichts, als daß Luther die politischen Machthaber zu Eingriffen in die Kirche und Beraubung derselben anstachelte, den Unterthanen der einzelnen Fürsten unbedingten Gehorsam predigte, und in jener Frage übers Ver-

---

[1]) Geschichte 2c. 2, 216.

halten der Reichsstände zum Kaiser auf Philipps Veranlassung von einem Extrem ins andere umschlug.

Eine neue Entdeckung oder Erfindung hat Janssen mit Bezug auf Luthers Verhalten gegenüber dem Conzil, das der Papst endlich auf Andringen des Kaisers ankündigen mußte, gemacht. Landgraf Philipp und Luthers Kurfürst wollten nach Janssen durch Luther ein Gegenconzil ausschreiben lassen. Einem Auftrag des Kurfürsten entsprechend „faßte Luther zum Zweck des protestantischen Gegenconzils die schmalkaldischen Artikel ab", konnte aber, da er in Schmalkalden von seinem Leiden am Stein heimgesucht wurde, „wegen körperlicher und geistiger Krankheit kein Gegenconzil berufen."¹)

Bisher wußte man nur, daß die beiden Fürsten vorher auf jenen Gedanken gekommen waren, daß er aber von Luther nie acceptirt und auch von den Schmalkalder Verbündeten bei ihrem Convent 1537 gar nicht verfolgt, daß vielmehr hier nur über eine Annahme oder Nichtannahme der päpstlichen Einladung verhandelt worden ist. Und mehr weiß in Wahrheit auch Janssen nicht, das weitere bei ihm ist Phantasie (Phantasie oder noch schlimmeres ist auch seine beiläufige Bezeichnung der Krankheit Luthers als einer „geistigen.") Stand doch den Fürsten, wenn sie jenen Gedanken hätten verfolgen wollen, auf dem Convent neben dem kranken Luther die ganze Schaar der dort erschienenen geistlichen und weltlichen Vertreter des Protestantismus und gleich nachher auch wieder Kopf und Hand des schnell genesenen Luther zur Verfügung. Richtig ist bei Janssen nur die Aussage, daß einer etwa beabsichtigten Ausführung jenes Gedankens schon die unter den Protestanten selbst befindliche Spaltung im Wege gestanden hätte; Janssen selbst indessen widerspricht sich hier vermöge seiner vorhin erwähnten falschen Darstellung von einer eben jetzt erfolgten Einigung mit den Schweizern, zu der Luther nach dem fürstlichen Willen sich herbeigelassen hätte. Was aber jene Angabe Janssens über Luthers eigene Stellung zum Conzil und über die von ihm verfaßten Artikel betrifft, so sprechen diese schon in der Ueberschrift und Vorrede, womit sie Luther veröffentlichte, sehr klar aus, daß sie gerade nicht für ein Gegenconzil, sondern für ein vom Papst nach Mantua oder irgend einem andern

---

¹) Geschichte B. 3 S. XII u. S. 346 ff.

Ort berufenes Conzil verlaßt waren („so da hätten sollen auf's Concilion zu Mantua, oder wo es würde sein, überantwortet werden.") Und falls Janssen diesen Worten Luthers nicht geglaubt haben sollte, so wird ja doch wohl auch er selbst nur aus dieser Bestimmung der Artikel die Eintheilung derselben sich erklären können, wonach diejenigen Artikel, über welche man dort mit den Papisten den eigentlichen Kampf, nämlich den Kampf gegen die päpstliche Begier nach Gewalt, Ehre und Geld, zu führen haben werde, vor den andern Artikeln aufgeführt sind, von denen die Evangelischen „mit Gelehrten, Vernünftigen oder unter sich selbst handeln" könnten (vgl. oben S. 32). Deutlich sind ferner wohl auch für Janssen die Worte, welche auf jene Artikel folgen: „Denn im concilio werden wir nicht vor dem Kaiser — wie zu Augsburg —, sondern vor dem Papst und dem Teufel selbst stehen".

Charakteristisch ist für Luther überhaupt, daß er in seiner Art ebenso wie Melanchthon, von welchem Janssen es erwähnt, im Gegensatz gegen die Fürsten dahin sich aussprach, daß man das päpstliche Conzil auch ohne vorhergehende Garantien beschicken und je nach Umständen erst auf demselben Protest erheben möge. Ja es spricht aus ihm eine kecke Lust, sich dort mit den Papisten zu schlagen, die Janssen erwähnen sollte, wenn er sie ihm dann auch für Frechheit oder gar Geisteskrankheit auslegen möchte. Von ihr hat 1535 auch der päpstliche Gesandte Vergerius in dem oben von uns erwähnten Briefe nach Rom berichtet, indem er Hoffnungen auf sie meinte setzen zu können. Janssen[1]) hat vom Inhalt dieses Briefes geschwiegen. Derselbe wäre auch sonst interessant gewesen: er zeigt, von welcher wüthenden Leidenschaft und welchen Vorurtheilen gegen die „Bestie" Luther ein gebildeter und sonst milderer päpstlicher Nuntius erfüllt war, mit welchen Lügen über Luther ihn die deutschen Papisten weiter zu versehen sich befleißigten und wie wenig doch auch Lüge und Lästerung gegen Luther aufzubringen wußte, — während der Verfasser des Briefes nachher, als er das Papstthum und das durch Luther verkündete Evangelium noch besser kennen gelernt hatte, selbst zu diesem übergetreten ist.

Der allgemeine Charakter von Luthers reformatorischem Leben

---

[1]) Geschichte 3, 342.

und Wirken aber läuft nun nach Janssens Darstellung vermöge seiner Grundsätze von christlicher Glaubensgerechtigkeit und Freiheit immer darauf hinaus, daß er die sittlich religiösen Ordnungen der Kirche umstürzte, ja die sittlich religiösen Grundlagen des christlichen Lebens überhaupt zu zerstören begann. Es sollen dieß nicht blos die Grundlagen gewesen sein, welche die römisch katholische Kirche behauptet, sondern solche, an welchen doch auch wir Evangelischen fest halten wollen. Der wichtigste Punkt, auf den Janssen uns hier führt und den wir daher nicht bei Seite lassen dürfen, ist Luthers Stellung zum natürlichen, ehelichen, geschlechtlichen Leben.

Denjenigen Schmutz, welchen in dieser Hinsicht frühere Lästerer auf Luther geworfen haben, hat Janssen nicht wieder aufgenommen. Bedeutsam mußte indessen für uns schon die Art sein, wie er Luthers Verhältniß zur Frau Cotta (o. S. 6) darstellte, bedeutsam die Art, wie er in der Erzählung von Luthers Anfechtungen speziell jene einzelne, gar mißdeutbare Tischrede übers Denken „an ein schönes Mädchen" hervorzog (o. S. 39). Das Letztere giebt mir auch schon zu einer allgemeinen Bemerkung Anlaß. Die ultramontanen Freunde und Vertheidiger Janssens haben uns vorgehalten, welche Masse von Unsauberkeiten erst noch weiter aus den Tischreden zu erheben wäre. Janssen selbst[1]) droht uns mit einer Sammlung von „mehr als hundert auf Unfläthereien bezüglichen Stellen" die er aus Luthers Werken sich excerpirt habe (auch darin hatte er schon fleißige katholische Vorgänger). Nach einer Durchsicht der bis jetzt gedruckten und einer Menge noch ungedruckter Tischreden Luthers darf ich jedoch versichern: recht kräftige Derbheiten und Cynismen stehen in ihnen, eben so wie auch in Luthers Schriften und wie bei derben Zeitgenossen z. B. einem Hans Sachs, in Menge, und wir werden nachher einige gelegenheitlich zu erwähnen haben. Aber nur um so mehr ist zu beachten, daß obscöne schlüpfrige Beziehungen aufs andere Geschlecht darin durchaus fehlen, Luther vielmehr mit Entrüstung gegen dergleichen sich äußert. Luthers Tischreden können in dieser Beziehung ruhiger von jedermann gelesen werden, als z. B. manche edle Dichtungen Shakespeares. Auch eine so mißdeutbare Aeußerung wie jene von Janssen beigezogene, wird sich schwerlich sonst noch finden. Melanchthon, der in einem neuerdings veröffent-

---

[1]) An m. Krit. S. 105.

lichten Brief einst an Luthers öfters cynischem Reden Anstoß nahm und hierfür gutes von seiner Verehelichung hoffte, hat doch die Keuschheit seiner Reden selbst auch bezeugt, und sein Tischgenosse Mathesius, der auch manches sehr derbe Wort von ihm mittheilt, durfte ihm zugleich bezeugen: „von Frauen und Jungfrauen redet er ehrlich, Unzucht und schandbaren Reden war er feind; ich hab, so lang ich um ihn geweft, kein unschambar Wort aus seinem Munde gehört."[1])

Recht geflissentlich und offen theilt Janssen solche Stellen aus Luthers Schriften mit, wo dieser im Streit über Ehe, Mönchthum und priesterliches Cölibat sehr offen und nachdrücklich, und allerdings oft einseitig die natürliche Seite des ehelichen Lebens geltend machte. Es ist ja diejenige Seite, welche auch bei der Frage, ob man Ehelosigkeit einem ganzen Stand auflegen und ob ein einzelner sie von sich aus Gott geloben dürfe, vor allem in Betracht kam; es ist die Seite, welche auch so schwer im Mönchthum und gesetzlichen Cölibat sich gerächt hat. Zugleich aber haben wir von Luther gar viele köstliche Ausführungen über die Bedeutung der Ehe als einer göttlichen Ordnung und Stiftung und über die höchsten sittlichen und religiösen Aufgaben eines christlichen Ehestandes und Hausstandes. Diese göttliche Stiftung und Bestimmung ist, wie wir meinen, mehr werth, als der sogenannte „sakramentale" Charakter der christlichen Ehe, von welchem wir katholischerseits in mysteriöser Unklarheit reden hören, während nicht einmal die kirchlichen Dogmatiker über diese Anwendung des Sakramentbegriffs unter sich einig sind. Ja während nach Janssen die Ehe in Luthers Sinn mit Religion „eigentlich gar nichts" zu thun hat, lehrte Luther im Ehestand und Hausstand gar eine von „Gott geordnete Hierarchie" erkennen; bei Janssen aber erfährt man hiervon wieder nichts.[2])

Ganz wie zur übelsten Mißdeutung gemacht erscheinen vollends solche Mittheilungen Luthers bei Janssen, wo von der Befriedigung des geschlechtlichen Triebes als von etwas durch die Natur gefordertem die Rede ist. Und Janssen selbst deutet solche Reden nachher geradezu dahin aus, daß nach Luther junge Leute, die nicht sofort in den Stand der Ehe treten, oder Eheleute, deren Gattin von

---

[1]) Corp. Ref. XI, 730. Mathes., Historien, 12. Predigt.
[2]) An m. Krit. S. 150 L. Werke 25, 387 f.

langer Krankheit heimgesucht würden, durch eine Naturnothwendigkeit zur Sünde verurtheilt wären, ja er sagt: die pornographische französische Literatur zeige, wohin diese Theorie von Naturnothwendigkeit führen müsse. Was er hier vorträgt, mag für manche entsetzlich, für andere wenigstens unerklärlich bei einem Luther klingen.[1]) Er hat nur recht sein wieder weggelassen, was in eben denselben Schriften Luthers daneben steht und die nöthige Erklärung uns giebt. Davor, wie gesagt, warnt Luther, daß man nicht, während ein von Gott selbst eingepflanzter natürlicher Trieb uns fast ausnahmslos ins eheliche Leben hinein weise, etwas eigenmächtig gelobe oder andern aufnöthige, was in Reinheit zu leisten einem doch nur durch besondere Gabe und Fügung möglich werde. Zugleich aber erklärt er: diejenigen, welchen Gott selbst durch seine eigenen Lebensfügungen den Eintritt in die Ehe versage, werde derselbe Gott, wenn sie gläubig und gewissenhaft an ihn sich halten, auch unter den natürlichen, ja naturnothwendigen Versuchungen, unter welchen jene zu Schanden werden, zu bewahren wissen. In Betreff jener Krankheitsfälle erklärt er an einer von Janssen verschwiegenen Stelle, die neben einer von ihm angeführten steht: „diene Gott an dem Kranken und denke, daß dir Gott an ihm hat Heiligthum in dein Haus geschickt: laß ihn sorgen, gewißlich wird er dir Gnade geben, daß du nicht darfst tragen mehr, denn du kannst; er ist viel zu treu dazu, daß er dich deines Gemahls also mit Krankheit berauben sollte und dich nicht auch dagegen entnehmen des Fleisches Muthwillen, wo du anders treulich dienst deinem Kranken". Ja Luther erkennt auch an, daß jene besondere Gabe, die er wohl eine über die Natur gehende Gabe nennt, doch — nur eben als „sonderliche und seltsame Gabe" — immerhin vorkomme. Neben den stärksten Ausfällen gegen jene selbsterwählte oder gesetzlich auferlegte Ehelosigkeit erkennt er an, daß, wer kraft solcher Gabe keusch ehelos lebe „baß des Evangelii warten könne, denn der eheliche Mensch". Ja er räth und ermahnt: „welchen nun solche Gnade befreiet, der danke Gott und folge ihm". Er fügt nur sogleich wieder bei: „welchem sie aber nicht gegeben ist,

---

[1]) An m. Krit. S. 129 f. (vergleiche auch Kolbe in der Theologischen Literaturzeitung 1883, S. 518; ebenso zum Folgenden). Geschichte, 2 198. 278.

der begebe sich in das gemeine eheliche Leben". [1]) — Darüber, ob aus diesen Grundsätzen Luthers oder ob aus denen, die er hier verwirft, sich praktische und faktische Beiträge für „Pornographie" ergeben haben und fortwährend ergeben, möge jetzt der Leser urtheilen.

Weitläufig führt dann Janssen [2]) den Ehehandel des Landgrafen Philipp aus, welcher, von Anfang an unglücklich verheirathet, in fortgesetzte Ausschweifungen gerieth, eine Hilfe für sich in einem zweiten Eheweib mit Berufung auf Abraham und andere fromme alttestamentliche Männer suchte und hiezu endlich auch die Zustimmung der Reformatoren in einem Beichtrath unter der Bedingung erlangte, daß er die Sache, die nur ausnahmsweise gestattet werden könne, durchaus geheim halte. Der Gegenstand hat bei Janssen eine verhältnißmäßig breitere Behandlung erfahren als irgend ein anderes Stück in den drei Bänden seiner deutschen Geschichte. In der ultramontanen Presse sind wir darauf hin gefragt worden, ob wir auch hier entschuldigende Momente für unsern Luther beizubringen hätten, etwa aus dem Koran.

Nun, von Schuld lossprechen werden wir ihn hierin keineswegs. Ich selbst habe in meinem von Janssen benützten Buch diese Doppelehe als den „größten Flecken in der Reformationsgeschichte und im Leben Luthers" bezeichnet. Auf einige mildernde Momente erlaube ich mir indessen doch hin zu weisen. Anzuerkennen sind doch Schwierigkeiten, welche für eine Beurtheilung der Frage über Zuläßigkeit einer Bigamie auf Grund der biblischen auch vom Katholizismus anerkannten Offenbarungsurkunden sich erheben, wenn man so, wie es gerade die kirchliche Theologie bis dahin gethan hatte, die alt- und neutestamentliche Offenbarung und die Frömmigkeit alt- und neutestamentlicher Gottesmänner auf eine Linie stellt. Zu einem Verständniß des hier obwaltenden Unterschieds ist erst im Verlauf der Zeit die Theologie auf dem Boden des Protestantismus fortgeschritten. Anerkennen dürfen wir ferner, daß unsere Reformatoren mit dem Ehebruch selbst, dem Mätressenwesen hoher Herrn und der Absolution derselben in der Beichte

---

[1]) L. Werke E. A. 20, 74 (2. Aufl. 16, 527 f.) 28, 26. E. A. 2. Aufl. 1, 107. 7, 111. E. A. 33, 59.

[2]) Geschichte ꝛc. 3, 405 ff.

es nicht so leicht nehmen wollten, als es damals thatsächlich gerade in der katholischen Kirche zu geschehen pflegte. Konnte doch, was das letztere betrifft, Philipp nachher dreist aussprechen, daß er, wenn er sein zweites Weib nur zur Mätresse hätte, von keinem der katholischen geistlichen und weltlichen Fürsten Vorwürfe befürchten müßte. Werden wir doch auch durch Janssen[1] wenigstens aus Anlaß davon, daß eine Mätresse des Königs Franz dem Protestantismus sich zuneigte, auf das öffentliche Aergerniß, das dieser fortwährend gab und auf die an seinem Hof herrschende „Vermischung des Heiligen mit dem Schändlichen" aufmerksam gemacht, während wir von irgend welchen kirchlichen Mahnungen an ihn nichts wissen, sondern nur von steten Bestrebungen des Papstes, mit diesem allerchristlichsten König für die eigenen Zwecke sich zu verbinden. Dagegen hatte Philipp[2] (was Janssen verschweigt) seit seinem Uebertritt zum Protestantismus, ein einziges mal ausgenommen, aus Gewissensbissen, die ihm kein evangelischer Beichtvater beschwichtigen zu dürfen glaubte, nicht mehr zum Tische des Herrn zu gehen gewagt. So meinten bei seinen Klagen über diesen Zustand die Reformatoren endlich, sie dürften viel mehr etwas zugeben, was alttestamentliche Vorgänge für sich habe, als etwas was durchs klare neu- und alttestamentliche Gotteswort verdammt werde. Sie haben hier schwer geirrt in ihrem Verständniß der sittlichen Ordnung, während dort jene leichtfertige Praxis den theoretisch anerkannten sittlichen Ordnungen ins Gesicht schlug. Und nicht einmal in der katholischen Kirche war die Möglichkeit einer wenigstens ausnahmsweisen Bigamie damals so unbedingt, wie es später geschah und unter Christen geschehen muß, verneint. Janssen selbst weiß, daß Philipp und seine Theologen sich auf einen Kaiser Valentinian (nämlich Valentinian II.) beriefen, der ein zweites Weib zum ersten genommen und durch ein Gesetz die Bigamie erlaubt habe, und das war, wie wir beisetzen müssen, ein von der Kirche für einen guten Christen anerkannter Kaiser und jene Angabe über ihn lag bei alten Kirchenhistorikern vor, deren Glaubwürdigkeit zwar mit Recht von uns, nicht aber von der damaligen katholischen Kirche bezweifelt wird.[3] Ja in der Refor-

---

[1] Ebendas. S. 341.
[2] Briefwechsel Landgr. Philipps ꝛc. Herausg. v. Lenz 1880. S. 361.
[3] Socrates hist. eccl. L. IV C. 31. Nicephor. hist. eccl. L. XI C. 33.

mationszeit selbst hat, woran schon alte Protestanten erinnert haben, die Gegner Luthers aber nicht zu denken pflegen, der hochgeachtete Theolog und Kirchenmann Kardinal Cajetan[1]) ausgesprochen: durch göttliches Recht sei eine Mehrheit von Frauen nicht ausgeschlossen, und in der ältesten Kirche hätten viele nach dem Vorbild der alttestamentlichen Väter zwei Frauen gehabt. Doch, wie gesagt, wir Protestanten sprechen unsern Luther hier nimmermehr von Schuld frei, suchen auch keineswegs das, was er hier gethan und verschuldet, zu verhehlen: hat doch Janssen den ihm erwünschtesten Stoff einer Publikation „reinen Aktenmaterials"[2]) entnehmen können, welche er dem, wie er wissen wird, gut protestantischen Historiker Lenz und einer durch die Ultramontanen verunglimpften königlich preußischen Archivverwaltung zu verdanken hat. Statt zu entschuldigen, wiederholen wir nur, was Luther von seinen Widersachern gesagt hat: „Was an uns böse ist, das nutzen sie auf, des andern guten schweigen sie".[3])

Aber so viel hätte man nun doch von Janssen hoffen mögen, daß er wenigstens hier, wo er so reiches und ihm günstiges Material bequem vor sich hatte, gründlich und getreu verfahren wäre.

Ich meine nicht, daß er an Milderungsgründe hätte denken oder auch nur nebenbei die Schärfe und Offenheit hätte anerkennen sollen, womit Luther in einem von ihm citirten Brief dem Landgrafen zugleich sein bisheriges unsittliches Leben vorhielt und ihn auch für die Zukunft verwarnte.[4]) Ich sehe auch ab von manchem unrichtigen, was im einzelnen noch zu rügen wäre; so berichtet z. B. Janssen[5]), daß Philipp am Tag nach der Trauung mit der zweiten Frau, das heißt am 5. März 1540 „mit fröhlichem Gewissen", wie es im Brief heiße, an Luther geschrieben und ihm gedankt habe, während nach seiner von ihm richtig citirten Quelle Philipp den Brief am 5. April schrieb und darin meldete, daß er „diese Ostern mit fröhlichem Gewissen wieder zum Abendmahl gegangen sei."

---

[1]) Comment. in N Test. f. 196. J. Gerhard Loci XXVI § 203 (daselbst auch ein interessantes Decretum Gregorii III über Neuverheirathung eines Mannes, dem seine Frau die Pflicht nicht leisten kann).
[2]) An m. Kritiker S. 163.
[3]) Tischreden, Herausg. v. Förstemann, B. 4 S. 154 f.
[4]) L. Briefe B. 6 S. 212.   [5]) Geschichte 3, 109.

Aber für die Hauptsachen wenigstens hätten wir einige Genauigkeit und Treue erwarten mögen. Da spricht Luther in seinem Gutachten[1]) vor allem und wiederholt mit Bestimmtheit aus: Gott habe die Ehe ursprünglich nur als Ehe zwischen zwei Personen eingesetzt, und alle menschlichen Sachen müßten auf die erste göttliche Einsetzung hin gerichtet und möglichst darin gehalten werden, und mit Recht werde daher die Monogamie von der Kirche zum Gesetz gemacht, und dürfe ein anderes Gesetz nicht aufgerichtet werden; es könne also nur von einer Dispensation in Folge besonderen Nothstands eines schwachen Sünders die Rede sein. Janssen dagegen hat zuerst in seinem Geschichtswerk diese Erklärungen nur sehr abgeschwächt wiedergegeben, indem er nur allgemeine Worte Luthers von einer Noth, nicht die vorangestellten prinzipiellen Sätze erwähnt. Und in seiner Schutzschrift[2]) hat er auch das dort wiedergegebene vergessen und spricht jetzt kurzweg aus: „Luther lehrte, daß die Polygamie in der heiligen Schrift erlaubt und nur ärgerlich sei, weil die Christen auch erlaubte Dinge unterlassen müßten." So konnte Janssen etwa sagen mit Bezug auf eine frühere briefliche Aeußerung Luthers aus der Zeit, wo ihm zuerst (1524) jene schwere biblische Frage entgegentrat, wiewohl Janssen auch da gewohnter Weise wieder etwas verschwiegen hat, nämlich neben der Erklärung Luthers, daß die heil. Schrift die Bigamie nicht verbiete, die weitere, daß doch kaum ein Christ „so von Gott verlassen" sein dürfte, um nicht auch in schweren Fällen Enthaltsamkeit üben zu können.[3]) Janssens allgemeine Aussage aber wird zur groben Unwahrheit gegenüber den prinzipiellen Erklärungen jenes ihm wohl bekannten Gutachtens und gegenüber weiteren Erklärungen, in welchen Luther jene alttestamentlichen Vorgänge überhaupt nicht mehr für Christen gelten ließ, über welche aber Janssen wieder schweigt.[4])

Fragen wir sodann, wie Luther selbst nachher über den Beichtrath, zu dem er sich hatte bestimmen lassen, geurtheilt habe, so hören wir ihn in Janssens weitläufiger Darstellung nur beiläufig einmal gestehen, daß ihm die That Philipps nicht gefalle, und

---

[1]) L. Briefe a. a. O. 240. 243.
[2]) An m. Kritiker S. 180.
[3]) (Geschichte 2c. 2, 375. L. Briefe 2, 459.
[4]) Luth. opp. exeg. Ecl. 4, 8; vgl. auch das Folgende.

von einem durch sie gegebenen Aergerniß reden, ohne daß wir irgend klar würden, ob ihm die That nur wegen der Folgen, oder an sich jetzt mißfallen habe. Dagegen nennt Luther in seinen sonst von Janssen benutzten Gesprächen auch das, was er selbst hier gethan, kurzweg böse. So vernahmen wirs ja z. B. in dem vorhin erwähnten Wort über seine Widersacher. Er erklärte jetzt auch gewissen Aeußerungen früherer Predigten gegenüber, die man für die Billigung einer zweiten Ehe beibringen konnte, daß er weit entfernt sei, alles früher Gesagte noch zu vertheidigen.[1]) Ganz unklar lautet bei Janssen[2]) eine von ihm mitgetheilte Aeußerung Luthers über die Vorwürfe, die man ihm jenes Aergernisses halber mache: „Ich will ihnen die besten Worte geben und sie Markolfo in den .... sehen lassen, weil sie ihm nicht haben wollen unter die Augen sehen." So hingestellt erscheint das Wort nur wie eine unklare Schmutzrede. Nach ihrem ursprünglichen Zusammenhang bleibt es cynisch, wie das ganze Volksbuch von Markolf und König Salomo, woraus es genommen ist, hat aber einen guten Sinn. Luther will sagen, es gehe jenen dort wie dem König Salomo, der den Markolf nicht mehr habe vor sich sehen wollen und dem's nun widerfahren sei, daß er ihn in der angedeuteten Weise habe von hin= ten sehen müssen. So trotzig und paradox nun das Wort ist, so offen und klar ist doch darin eben dieß anerkannt, daß jene Sache mit Philipp etwas wirklich garstiges, skandalöses war. Die Pa= pisten, sagt Luther dort in seinen weiteren Worten, haben unsere reine Lehre und unser reines Leben stets vor Augen gehabt und nicht darauf sehen wollen; nun müssen sie zu ihrer Strafe uns in der andern Weise sehen, um zu ihrem eigenen Verderben vollends ganz an uns irre zu werden.[3])

Recht effektvoll in seiner Weise schließt endlich Janssen[4]) seinen

---

[1]) Lauterbachs Tagebuch, herausg. von Seidemann S. 198.
[2]) Geschichte 2c. 3, 434 aus der Tischrede bei Strobel, Beiträge 2, 1, 117 f.
[3]) In noch ursprünglicherer Form stehen die Worte in den Colloquia ed. Bindseil 1, 310 und in den (Mathesius'schen) Aufzeichnungen („Excerpta etc.") des Codex des German. Museums 20996 fol. 32 ff. Hiernach ist auch das im Zusammenhang ganz unverständliche „Ich heuchele dem l. Gott", bei Janssen S. 434 eine Textcorruption: die Excerpta haben: huic (Deo) commendamus. Das „heuchele" wird entstanden sein aus „beuehle (be= vehle, befehle)".
[4]) Gesch. 3, 439.

ganzen Bericht mit dreisten Worten Philipps über einen zu Gunsten der Bigamie erschienen Dialog: „Wir befinden wahrlich in diesen Landen, auch dem sächsischen, wenig Leute, so viel wir wissen, die von dem Dialog übel reden, sondern loben ihn vielmehr u. s. w." Wir haben dem noch beizufügen, daß Janssen doch selbst solche Lobredner nicht zu nennen weiß und daß wenigstens Luther, wie Janssen wissen konnte, von dem Dialog urtheilte: „wer diesem Buben und Buche folgt, — dem gesegne der Teufel das Bad im Abgrund der Hölle. Amen."[1])

Der Zusammenhang jener Vorgänge führt uns auch auf die bekannte Krankheit Melanchthons, an welcher er aus Schmerz über jenes Aergerniß 1540 in Weimar auf den Tod darniederlag, und auf das gewaltige Gebet, mit welchem ihm Luther dort zu Hilfe kam. Und wiederum berichtet Janssen hier in seiner eigenen Weise. Von dem Gebet nämlich erzählt er Nichts, sondern sagt statt dessen nur (mit den folgenden Anführungszeichen), daß Melanchthon „unter Luthers Beistand" genesen sei. Was er, der in jener ganzen bösen Sache Luther nur möglichst gleichgiltig gegen das Aergerniß dargestellt hat, mit den Anführungszeichen andeuten und wie er wohl den „Beistand" von der Masse seiner Leser verstanden haben wollte, wage ich nicht zu enträthseln. Recht eigens aber trägt er uns dann die Worte vor, die Luther in der Freude über des Freundes Genesung seiner Käthe schrieb: „Ich fresse wie ein Böhme und saufe wie ein Deutscher." Die klingen freilich sehr roh. Sie würden schon anders klingen, wenn man zugleich vernähme, theils wie der Brief sonst noch harmlos heiter und humoristisch sich ausläßt, theils wie ebenderselbe so warm, schlicht und rein von Gott, dem lieben Vater, redet, der trotz „schändlichen" menschlichen Unglaubens das Gebet ganz greifbar erhöre. Und für allzu ängstliche oder arg wöhnische Leser lag überdies an einer Janssen wohl bekannten Stelle noch ein anderer kurz darauf gefolgter Brief an Käthe vor, wo sich bei jenen heiteren Worten, die Luther hier wiederholt, auch gleich beruhigende Beisätze finden; jetzt nämlich schreibt er: „wir fressen wie die Böhmen (doch nicht sehr), saufen wie die Deutschen

---

[1]) Werke E. A. 65, 209. Luthers Freund Corvin, der in den Verdacht kam, jenen Dialog verfaßt zu haben, äußerte sich ganz entsetzt über eine solche „Verleumdung", mit der man ihm fremde „Sünden" auflade (Cod. Goth. 399 fol. 19).

doch nicht viel), sind aber fröhlich." Janssen aber hat auch hier das Wenige, was er giebt, gut gewählt und ausgehoben, vom Andern schweigend: hier ist's wieder klar genug, was er wollte.¹) Wie schlecht, unchristlich, unsittlich und verderblich Luthers Lehre und Wirken war, dafür geben denn nun nach Janssen auch die Früchte, welche daraus alsbald erwuchsen, ein klares und furchtbares Zeugniß: nicht blos Zerstörung der Kirchlichkeit und tiefgehender Unglaube, sondern ganz besonders die Zuchtlosigkeit und Unsittlichkeit, welche überall im Volk daraus hervorging, Ueppigkeit und Fleischesdienst, auch Zerfall des Schulwesens und der Universitäten, wo bis dahin die wahre Wissenschaft geblüht hatte. Und dafür beruft sich Janssen nun überall auf Luther selbst, auf seine Klagen über die Zunahme des Verderbens gerade unter der Predigt des angeblichen Evangeliums. Was Luther schon beim Beginn seines Wirkens über die Verdorbenheit des Klerus und des Mönchthums und über ihre schlimmen Einflüsse auf's Volksleben gesagt hatte, ist nach Janssen arg übertrieben oder unwahr. Was Luther gegen Laster und Verderbnisse, die auch Janssen für solche ansieht, wie über die Völlerei der Deutschen, über öffentliche Duldung der Unzucht, über Ueppigkeit, Wucher u. s. w. schon anfangs in reformatorischen Hauptschriften, wie 1520 in seinem Sermon von guten Werken oder seiner Schrift an den Adel gepredigt und wonach er also auch schon alle diese Laster in weitem Umfang vorgefunden hat, das hat Janssen verschwiegen. Jetzt, wo Luther gewaltig gegen die auch auf protestantischem Boden noch wuchernde Verderbniß loszieht, glaubt Janssen unbedingt seinen Schilderungen, fragt nicht, ob der Reformator vielleicht auch hier etwas im Eifer zu sehr verallgemeinert habe, mißdeutet ihm überdies, wie wir oben (S. 33) sahen, seine Worte so, als ob er im Evangelium und evangelischen Glauben selbst den Grund des Verderbens gesehen hätte. Und daneben übergeht er wieder diejenigen Aeußerungen, wo Luther erklärt, daß doch die Papisten jenen Zuständen gegenüber nicht im mindesten besserer sich rühmen könnten, wo er sich der Früchte freut, die doch bei allen aufrichtig glaubenden Seelen im kirchlichen, bürgerlichen und häuslichen Leben und namentlich auch in der unscheinbaren Berufstreue und Arbeit reisten und welchen die stolzen scheinheiligen Papisten

---

¹) Geschichte ꝛc. 3, 126. Burkhardt, Luthers Briefwechsel S. 357; Briefe von De Wette Bd. 5 S. 298.

nichts an die Seite zu stellen hätten, wo er insbesondere seine Hoffnung ausspricht über das heranwachsende, in Bibel und Katechismus unterrichtete Geschlecht. Janssen sucht Worte Luthers heraus, wo dieser einer Vernachlässigung des Schulwesens gegenüber daran erinnert, wie man vordem die Kinder in den doch schlechten Unterricht der Klöster zu ziehen gesucht habe. Er schweigt andererseits davon wenn Luther z. B. in jenem bekannten Brief[1]) von Coburg aus seinem Landesherrn auf das schöne Paradies hinweist, das dieser in den zarten, christlich herangezogenen Knäblein und Mägdlein seines Landes besitze und des gleichen die Welt nicht habe. Einen Ausspruch, worin er den Gegnern vorwirft, daß sie die Reinheit des Lebens bei den Evangelischen nicht sehen, sondern nur an die Aergernisse unter ihnen sich hängen wollen, haben wir oben angeführt

Eine gewisse Zunahme der Corruption nach den verschiedenen angedeuteten Seiten hin wird nun allerdings in der Reformationszeit stattgehabt haben. Und auch das, daß hiezu die Reformation in gewissem Sinne beitrug, können wir unbedenklich zugeben. Nun kann daraus keineswegs ein Beweis gegen ihre Berechtigung und Nothwendigkeit gezogen werden. Janssen, der nur auf Thatsachen sich zu stützen vorgiebt, ist längst an die Thatsache erinnert worden daß auch die Predigt des Evangeliums durch einen Apostel Paulus Erscheinungen im Gefolge hatte, aus welcher Gegner auf einen verderblichen Inhalt derselben hätten schließen können. Janssen sucht eine Erörterung dieser Thatsache theils mit ein paar faulen Witzen, theils mit frommen Worten über die im Heiland liegende reine Fülle übernatürlicher Wahrheit u. s. w. zu umgehen.[2]) Sie bleibt aber dennoch bestehen und ist ja auch leicht genug verständlich Des Apostels Predigt von der christlichen Freiheit hat, wo sie auf schlechten Boden fiel und nicht gewissenhaft im Zusammenhang mit seiner gesammten Lehre aufgenommen wurde, schon damals Wirkungen gehabt, vor welchen der Apostel selbst warnte, daß man nämlich diese Freiheit nicht „zu einem Anlaß für's Fleisch nehmen" möge. Ausschweifungen, wie er sie z. B. der von ihm begründeten und „in aller Lehre und aller Erkenntniß reichen" Korinthergemeinde vorwerfen mußte, kamen sicher nicht ebenso in Gemeinden vor, wo seine judaistischen Gegner, die er selbst Hunde nannte, ihr altes

---

[1]) Briefe 4, 21.   [2]) An m. Kritiker S. 178.

(Gesetz aufrecht erhielten. In der Reformation kam noch hinzu, daß die Predigt eben jener neu erweckten paulinischen Lehre nicht erst allmählich und desto tiefer eindringend fortschritt, sondern daß sogleich ganze, noch unreife Volksmassen dem neuen evangelischen Gemeindewesen einverleibt wurden; die kirchenpolitischen Prinzipien aber, nach welchen dieß geschah, waren nicht dem Geiste des Evangeliums entsprungen, sondern eine Erbschaft aus dem mittelalterlichen Katholizismus.

War Luthers Lehre und Wirksamkeit doch an sich schon so verderblich, wie Janssen fort und fort behauptet, so hätte ja wohl jetzt den protestantischen Zuständen gegenüber nur um so reiner und heller die Religiosität und Sittlichkeit der katholischen Gebiete leuchten müssen, wo gleich von Anfang an jene Päpste trotz ihrer eigenen „menschlichen Schwächen" mit gewaltigen Bannflüchen, wie Janssen sagt [1]), „als muthige Anwälte des christlichen Sittengesetzes" auftraten und die ihnen ergebenen geistlichen und weltlichen Reichsfürsten jetzt wenigstens gegen den evangelischen Sauerteig mit all ihren Straf= und Zuchtmitteln einschritten, ob sie auch um andere Unsittlichkeit wenig sich gekümmert hatten. Aber wie Luther schon vorher über schwere gerade mit dem katholischen Kirchenthum zusammenhängende Verderbnisse geklagt hatte und der fortschreitenden Verderbniß gegenüber die katholischen Verhältnisse nicht im mindesten besser als die protestantischen fand, so bestätigt sich uns dieß überall auch sonst. Die ersten kursächsischen Kirchenvisitationen im Jahre 1528, deren Berichte nach Burkhardt [2]) Janssen im eigenen Interesse gern benützt, zeigen uns z. B. unter den alten katholischen Geistlichen einen Mann, der kaum das Vaterunser und den Glauben hersagen konnte; bei den Geistlichen kehren immer und immer die bekannten Köchinnen wieder; über Trinken und Ausschenken von Getränken u. s. w. wird schwer geklagt. Bei Janssen selbst kann man neben dem, was er mit großem Fleiß über schlechte Zustände der Protestanten aus Luthers eigenen Klagen gesammelt hat, verhältnißmäßig nur sehr wenige Stellen finden, welche auch in die Zustände der katholischen Bevölkerungen und ihrer Häupter uns einen Blick thun lassen. Auch sogar bei ihm aber erblicken wir dann dort nur ein

---

[1]) A. a. O. S. 157.
[2]) Burkhardt, Geschichte der sächs. Kirchen= und Schulvisitationen 1879.

ebenso trauriges, ja, was die geistlichen Häupter betrifft, ein noch viel traurigeres Bild. Haben etwa auch hier, wo man den Kultus und das Bekenntniß der Reformatoren mit allen Mitteln fern hielt, doch eben sie mit ihren verderblichen Lehren so schrecklich über die bisher blühende Sittlichkeit obgesiegt? Janssen bringt in der That auch dieß zuwege. Das haben ihm, wie er sich allgemein ausdrückt, die Wellen der politisch-kirchlichen Revolution überall angerichtet. Bestimmter führt er z. B. zum Jahr 1524 aus, wie „rasch seit der Verkündigung des angeblichen Evangeliums" die Zuchtlosigkeit und Unzucht namentlich auch im Klerus zugenommen habe, wie da bei einem Fest in Heidelberg Bischöfe durch öffentliches Tanzen und Jubiliren Aergerniß gegeben haben u. s. w.[1]) Da haben also wenige Jahre zuvor Humanisten und einige Adelige gegen Papstthum, Klerus und Scholastik, übrigens auch eben gegen jene Aergernisse bei Geistlichkeit und Mönchen und gegen Wucher, verderbliches Treiben der großen Geldherrn, Verläugnung guter alter deutscher Sitte u. s. w. loszuziehen begonnen und Luther seine Lehre von der Glaubensgerechtigkeit und evangelischen Freiheit, zugleich aber auch seine gewaltigen Warnungen vor eben jenen Lastern, seine Aufforderungen an die Geistlichen zu einem ehrbaren ehelichen Leben und seine Mahnungen zu wahrer Bruderliebe und zu einem auch in jedem irdischen Beruf zu übenden Gottesdienste begonnen: und Folge hievon und namentlich Schuld Luthers war es, daß alle jene Laster nun erst recht aufblühten, die der alten Kirche treuen Geistlichen nun erst recht Köchinnen annahmen und die Bischöfe tanzten und jubilirten. Janssen hat sich ausgebeten, das Prädikat „lächerlich" wenigstens nur dann gegen ihn zu gebrauchen, wenn man es ernstlich begründen könne.[2]) Er müßte dasselbe uns wenigstens hier erlauben, wenn nicht der Gegenstand und seine Behandlung desselben etwas zu ernstes für uns wäre.

Wüßten wir nicht, daß neben den religiösen und kirchlichen Faktoren noch ganz andere sociale, nationalökonomische u. s. w. bei jener Entwickelung deutscher Zustände eingriffen, so könnten wir eine gerade entgegengesetzte Erklärung dafür vorschlagen: wie nämlich nach einer Aeußerung Macchiavellis die Rom zunächst

---

[1]) An m. Kritiker S. 171. (Geschichte x. 2, 338 f.
[2]) An m. Kritiker S. 22.

wohnenden Völker am wenigsten Religion haben, wie man nach einem damaligen deutschen Sprichwort der Hölle um so näher war, je näher man Rom kam, und wie jene Behauptung der französischen Revolutionäre, von der wir Janssen oben (S. 33) am unrechten Ort reden hörten, doch darin Recht hatte, daß die sittliche Verderbniß in Frankreich vorzugsweise von oben her sich verbreitete und allmählich das Volk durchdrang, so, könnten wir sagen, sei die Ansteckung der großen sittlichen Pest, deren Mittelpunkt schon gegen das Ende des vorigen Jahrhunderts Rom war, und die Ansteckung derjenigen Frivolität, zu welcher zuerst und zumeist eben dort der von Janssen gescholtene Humanismus geführt hat, nun allmählich auch ins deutsche Volk und alle Klassen und Stände desselben vorgedrungen und würde noch viel ärgere Früchte getragen haben, wenn nicht gerade die Reformation mit ihrem ernsten Geist und ihrem Gotteswort jetzt unserem Volke geschenkt worden wäre, in welchem sie freilich durch die dort vorhandenen, bösen Elemente viel Trübung und Hemmung erlitt. Jedenfalls aber muß hier der sittliche Eifer geltend gemacht werden, der ja eben in den von Janssen nach einer andern Seite hin ausgenutzten Klagen Luthers sich kund giebt und welchem Janssen schwerlich gleich kräftiges aus dem Mund römisch-katholischer Kirchenmänner jener Zeit wird zur Seite stellen können. Wenn Luther z. B. gegen die Sittenlosigkeit in der Universitätsstadt Wittenberg privatim, amtlich und auf der Kanzel losbricht, so ließen sich aus katholischen Universitätsstädten noch viel ärgere Dinge anführen, schwerlich aber so scharfe und rücksichtslose sittliche Zeugnisse dawider. Luthers Eifer gegen die bisher geduldeten und gehegten Frauenhäuser, den wir ihn 1520 aussprechen hörten, blieb sich gleich und bethätigte sich in den evangelischen Städten praktisch, wenn er auch dem alten Herkommen gegenüber durchzudringen Mühe hatte. Gegen die Unsittlichkeit des Volkes und namentlich auch vornehmerer Leute bedauerte er eine geordnete Kirchenzucht noch nicht durchführen zu können. In seiner eigenen Gemeinde aber als Wittenberger Geistlicher ist er z. B. gegen einen der trotzigsten Herren in Kursachsen, den Landvogt von Metzsch, sehr scharf wegen anstößigen Lebenswandels eingeschritten.[1]) Auf ein ehrbares eheliches Leben der verheiratheten

---

[1]) M. Luther B. 2 S. 138 (2. Aufl. S. 118 f.); dort auch Weiteres über Luthers Bemühungen um Zucht u. s. w.

Pfarrer im Gegensatz gegen jenes Leben im Cölibat hat er streng gehalten. Auch gegen Wucher, Ueppigkeit u. s. w. sprach und schrieb er noch später. Er wollte auch in seinen schmalkaldischen Artikeln, daß ein Conzil mit allen solchen Schäden und Gebrechen des sittlichen und sozialen Lebens anstatt mit den kindischen äußerlichen Satzungen, über die man dort zu verhandeln pflege, sich beschäftigen sollte. Aus seinem Geist sind die Kirchenordnungen hervorgegangen, die besonders durch Bugenhagen den städtischen Gemeinden gegeben und dort für Jahrhunderte fruchtbar wurden. Es war schwer, unter der Masse des Landvolks neue Ordnungen und bessere Zustände herzustellen; schon die Berichte über die zweite kursächsische Kirchenvisitation, welche der ersten nach wenigen Jahren folgte, wiederholen indessen nicht blos, wovon Janssen redet, noch die alten Klagen, sondern zeigen auch schon Fortschritte an, wovon Janssen schweigt. Bekannt sind Luthers wiederholte klassische Ansprachen an die Städte und Obrigkeiten zu Gunsten der Schulen, wozu wir wohl auf der entgegengesetzten Seite wieder schwerlich gleiches in jener Zeit finden. Und Hand in Hand mit der ersten Begründung einer neuen kirchlichen Ordnung ist ja auch schon die Gründung neuer Schulen gegangen. Für die Zustände des damaligen deutschen evangelischen Bürgerthums standen Janssen, wenn er den deutschen protestantischen Quellen nicht trauen wollte, auch Berichte unbefangener Ausländer zu Gebot. Er führt jedoch die betreffenden Bücher auf, ohne sie nach dieser Seite hin zu benützen; so, wie schon an einem andern Ort[1]) gegen ihn bemerkt worden ist, den Reisebericht eines Engländers Roger Ascham[2]), wo z. B. das ernste kirchliche Leben und die Armenpflege der protestantischen Gemeinde Augsburgs geschildert wird. Die Berichte der venetianischen Gesandten führt er dafür an, daß Karls V. Hof sittlich viel besser als der Franz I. bestellt gewesen sei,[3]) von den bewundernden Aussagen dieser gut katholischen Männer über die protestantischen Reichsstädte schweigt er.

Ueber alles das viele Schweigen nun, das ihm in dieser und anderen Beziehungen vorgeworfen worden ist, hat Janssen nachher[4])

---

[1]) Augsb. Allg. Zeitung vom 24. Sept. 1882, Beil.
[2]) Katterfeld, Roger Ascham 1879.
[3]) Geschichte 3, 341.
[4]) An m. Kritiker S. 60.

seinen Kritikern bemerkt: auch er läugne ja nicht, daß in Luthers Schriften „viele tiefschriftliche fromme Gedanken", ja manchmal sogar Erhabenes vorkomme, wobei dann Luther eben aus dem bei ihm noch nachwirkenden Geist der katholischen Kirche heraus gesprochen habe; er habe jedoch hiervon erst in dem noch bevorstehenden nächsten Bande seines Buches zu handeln, wo eigens „die geistigen Zustände" seit der politisch=kirchlichen Revolution geschildert werden sollten. Hiemit rechtfertigt er sich und thut sogar entrüstet über die Vorwürfe: als ob er nicht in Wahrheit schon durch zwei Bände hindurch immer wieder von den sittlichen Folgen und Zuständen der Revolution gesprochen hätte, nur eben immer nach der einen Seite hin, und als ob er nicht schon eine Menge der hier in Betracht kommenden Schriften und Reden Luthers benützt hätte, nur eben immer so, daß er, wie Luther sagt, Böses aufzumutzen suchte und des Guten schwieg. Ja, in dieser Kunst der Geschichtsschreibung ist er ein Meister geworden: er macht einen großen Mann und sein Wirken erst ganz schwarz und läßt die Eindrücke hievon erst Jahre lang bei seinen Lesern wirken, um ihnen hintennach auch noch einige lichtere Punkte an demselben zu zeigen, dieses aber sogleich wieder in seiner Art als etwas darzustellen, was nicht lutherisch, sondern römisch=katholisch gewesen sei.

Inzwischen ist Luther, mit allen jenen Vorwürfen unseres Historikers belastet, schon ein gutes Stück vor dem Schlusse des zuletzt erschienenen Bandes gestorben. Wir haben nur noch zu betrachten, wie Janssen ihn sterben läßt.

3.
Luthers Lebensende.[1]

Janssen referirt noch über Luthers Schrift „wider das Papstthum zu Rom 2c." (welche ich trotz einer von ihm gegen mich gerichteten Bemerkung noch immer ein „letztes großes Zeugniß Luthers gegen das Papstthum" zu nennen wage) ganz kurz in der Weise, daß er aus dem an Gedanken und Gründen reichen Inhalt der groben Schrift nur ein paar Hauptgrobheiten heraus greift.

---

[1] Geschichte B. 3 S. 531—538.

Den gröbsten Satz, daß nämlich der Kaiser und die Fürsten dem Papst die gestohlenen Länder nehmen und ihm die lügenhafte gotteslästerliche Zunge an den Galgen nageln sollten, betitelt er in der Seitenüberschrift: „Luthers Aufforderung zur Ermordung des Papstes": er hätte, wenn er es für Ernst nahm, wohl sagen müssen: zur förmlichen Hinrichtung des Papstes.

Hieran hängt er einen Bericht an über die damals erschienenen, mit Reimen Luthers versehenen Cranach'schen Schmähbilder vom Papstthum, welche noch „gemeiner und roher" als jene Schrift seien. Von den Bildern sagt er, sie seien „nach Luthers Anleitung verfertigt." Daß das aber nicht wahr ist, zeigen zwei Briefe Luthers, deren Worte Janssen in dem von ihm citirten und gebrauchten Berichte Schuchardts über die Bilder vor sich hatte¹) und von denen der eine für einen andern Zweck auch direkt von ihm selbst benützt worden ist: denn hier tadelt Luther nachdrücklich die Aufnahme eines der Bilder, das die Geburt des Papstes vom Teufel darstellte, weil sein Gegenstand ein zu garstiger sei und mit Rücksicht auf unsere Mütter so etwas gar nicht dargestellt werden sollte. Von Luthers Unterschriften führt Janssen dann einen Reim recht schmutzigen Inhalts an, nämlich die Unterschrift zu einem Bild, welches den Papst auf einer Sau reitend in Verbindung mit Menschenkoth darstellt, und fährt fort: „die meisten Verse sind so unfläthig, daß sie sich gar nicht anführen lassen." Dem Grauen gegenüber, welches er hiermit bei anständigen Lesern erregen mag, wage ich dennoch den einzigen andern Vers, der hier in Betracht kommen kann, anzuführen. Er steht unter einem Bild, wo dem eine Bannbulle haltenden Papst zwei Männer auf die unanständigste Art Zunge und Hintertheil hinstrecken, und lautet:

> „Nicht, Papst, nicht schreck uns mit dem Bann
> Und sei nicht so zorniger Mann,
> Wir thun sonst ein Gegenwehre
> Und zeigen dirs Belvedere."

Dies ist das Grauenhafte. Denn von den andern Versen enthält keiner überhaupt etwas Anstößiges. Der schamhafte Janssen hat also doch wohl gerade das Schmutzigste sich zur Anführung erwählt.

---

¹) Schuchardt, Lukas Cranach B. 2 S. 248 f.

Unmittelbar darauf giebt uns Janssen ein unfläthiges Product seiner eigenen Phantasie, das er wohl eben auch nicht offen auszusprechen wagte. Luther klagte nämlich am 15. Juni 1545 dem Amsdorf über heftige Steinschmerzen: dabei bezeichnete er den Stein als seinen „carnifex", wie er auch sonst that¹), — gleich darauf auch als seinen „Pfahl im Fleisch" mit den Worten, mit welchen bekanntlich Paulus einmal seine eigenen Leiden bezeichnet hat. Carnifex, eigentlich Henker, steht bekanntlich schon bei den Alten für einen harten Peiniger überhaupt, wie z. B. Martial das Podagra so nennt: ebenso carnificina bildlich für Folter oder Marter, wie wir die Reformatoren z. B. von einer Folterung der Gewissen in der papistischen Ohrenbeichte reden hören. Wie arglos Luther dort jene Bezeichnung gebraucht hat, zeigt eben auch ihre Zusammenstellung mit dem Paulinischen „Pfahl." Aus jenen Worten Luthers nun zieht Janssen, ohne daneben den Pfahl zu erwähnen, das vom Carnifex bei und erklärt: Luther habe „auf die Ursachen seiner Steinschmerzen hindeutend" sie seinen Scharfrichter genannt. Was Janssen eigentlich mit dieser Erklärung meint und wie er auf sie verfallen ist, muß ich den Vermuthungen der Leser anheim geben. Als einst bei Luthers Lebzeiten der Dichterling Lemnius sich über eine andere Krankheit Luthers, einen Ruhranfall, ausgelassen und noch weiteren Schmutz von Lästerungen vorgebracht hatte, sprach Luther über solche Gegner: „laßt sie, wir wollen uns nicht mit ihnen in den Dreck legen."

Janssen fährt fort über Luthers letzte Lebenszeit zu berichten: an den von ihm beabsichtigten weiteren schriftstellerischen Ergüssen seines Grimmes gegen den Papst habe jener „Scharfrichter" ihn ähnlich wie einst am Conzilausschreiben!) verhindert. In unnennbaren Sorgen, Qualen und Aengsten, namentlich unter steten Gewissensqualen über die Rechtmäßigkeit seines Wirkens habe dann Luther vollends sein Leben verbracht bis zu seiner letzten Reise nach Eisleben. Daneben aber wissen wir aus unsern Quellen²), daß Luther trotz der Steinbeschwerden und anderer körperlicher Leiden noch bis in den November getreulich seine biblischen Universitätsvorlesungen hielt, die er dann froh zum Schluß brachte,

---

¹) Briefe 5, 742. 747.
²) Vgl. zum Folgenden besonders die Briefe bei De Wette.

und noch seine Erklärungen zum Propheten Hosea herausgab, als
wohl auch noch zu weiterer Polemik gegen den Papst Kraft ge
habt hätte. Ueber die böse Welt und namentlich auch über di
sittlichen Aergernisse in seiner Stadt Wittenberg steigern sich wol
seine Klagen noch mit dem zunehmenden Alter und körperliche
Beschwerden. Aber jene angeblichen Gewissensbisse gehören ganz wie
der der Deutung und Phantasie Janssens an, der hier überdieß an
lauter schon in eine frühere Zeit (1538) fallende Tischreden verweis
Neben den Klagen über jene Zustände freut sich Luther über edl
Vertreter, die das Evangelium doch bekomme, und über Orte, w
es neu aufblühte. Aus den eigenen Leiden heraus sehnt er si
nach einem seligen Abscheiden; im schmerzlichen Hinblick auf die all
gemeinen Verhältnisse und namentlich auch auf sein deutsches Vater
land und auf das schmähliche Verhalten des Kaisers und Papste
gegen die Türken tröstet er sich, daß das Ende der Welt und hiemi
der Tag des Heiles nahe sei: ist ihm doch kein Zweifel, daß e
diesen mitfeiern darf; er preist Gott dafür. Auch Trostbriefe vor
ihm an andere haben wir noch aus jener Zeit, in welchen Jansse
vielleicht auch noch „tief christliche Gedanken und Gefühle" aner
kennen müßte.

Nach Eisleben reiste Luther auf dringendes Bitten der Grafen
von Mansfeld, seiner ehemaligen Landesherrn, um einen häßlichen
Streit zu schlichten, den sie wegen verschiedener Gerechtsame, wegen
der Bergwerkseinkünfte, wegen des Kirchenpatronats u. s. w. mi
einander führten. In früheren Jahren hatte er sich an die Grafen
auch wegen gewisser Klagen gewandt, welche ihre Unterthanen, na
mentlich die Hüttenmeister, über Ungerechtigkeit und Bedrückung
durch sie führten; unter anderem handelte es sich dabei auch einmal
um einen Schwager Luthers selbst. Seine jetzige Reise dagegen
betraf lediglich jene Händel der Grafen unter einander, wie auch
die dann zu stande gekommenen uns noch urkundlich vorliegenden
Verträge zeigen.[1]) Janssen dagegen erwähnt von diesen Händeln
gar nichts, sondern redet nur von einem Versuch der Grafen, durch

---

[1]) Vgl. besonders: Krumhaar, die Graffchaft Mansfeld im Reformations=
zeitalter 1855, S. 271—275. Vielleicht habe ich selbst in „M. Luther c.",
1. Aufl. B. 2 S. 597, einer möglichen Verdrehung nicht gewärtig, jenes
Frühere und jenes Spätere zu unvorsichtig, übrigens doch immer deutlich
genug, an einander gereiht.

Eingriffe in die Bergwertgruben ihrer Unterthanen den eigenen Finanzen aufzuhelfen, und berichtet sofort: „Luther, dessen Anverwandte hiebei betheiligt waren, sollte das Schiedsrichteramt übernehmen." Von einem Interesse solcher Anverwandten bei dem damaligen Handel hat er, da er nicht einmal einen Beleg dafür beizubringen sucht, wohl so viel gewußt als wir, das heißt gar nichts. Das Ergebniß und so wohl auch die Absicht seines unwahren Berichtes ist klar. Wir Protestanten haben in der Reise, die der leidende, abgearbeitete Reformator im harten Winter und unter den Gefahren eines Eisganges und einer Ueberschwemmung machte, bisher einen Beweis rührender Hingebung an sein kleines altes „Vaterland", wie er es nannte, gesehen: nach Janssen wird es vielmehr eine Reise in Geschäften seiner Verwandten gewesen sein. Das ganze Ergebniß der Wirksamkeit, welche Luther dort übte und welche überhaupt seine letzte war, faßt Janssen in dem Berichte zusammen: „In Eisleben erlebte er keine Freude". Die Wahrheit ist, daß er unter viel Unfreude, die ihm allerdings die Grafen durch hartnäckiges, habsüchtiges Streiten bereiteten, getreulich ausharrte, daß er auch hierin ein Treiben des alten bösen Feindes erkannte, daß er deßhalb an seine Frau schrieb: „der Teufel spottet unser, Gott wolle ihm wieder spotten"[1]) und ebenso gegen Freunde unter Thränen äußerte, der Teufel verlache ihn und zeige ihm's Hintertheil[2]), daß ihm aber sein Gott schließlich über hoffen und erwarten zum Siege verhalf, daß ein glücklicher Vergleich unter den Grafen geschlossen und fröhlich die Versöhnung unter Alt und Jung gefeiert wurde, daß er auch dies noch seiner Käthe melden konnte mit den Worten: „Gott hat große Gnade hie erzeigt, — also muß man greifen daß Gott ist exauditor precum!"[3]) Noch Ein anderes Interesse hat er allerdings dabei glücklich mit verfolgt: nämlich eine Dotation für die dortigen Kirchen und Schulen, deren dieselben noch heute dankbar genießen. Jetzt, hat er dann gesagt, sei es Zeit für ihn, zur Ruhe einzugehen, sich „in den Sarg zu legen". Und nachdem der Vertrag am 17. Februar 1546 in aller Form vollends abgeschlossen war, entschlief er in der folgenden Nacht.

---

[1]) Briefe 5, 786.
[2]) Bericht in: Theol. Stud. u. Krit. 1881 S. 162.
[3]) Briefe 5, 791 f.

Janssen aber, nachdem er noch von jener Freudlosigkeit berichtet, macht folgenden Schluß:

„Luthers letzte Stunde war nahe. Von seinem Tode berichtet der Arzt Ratzeberger, ‚als er sein Gebet zu Gott in aufgethanem Fenster gesprochen, sah er den Satan auf dem Rohrbrunnen vor seiner Herberge, der ihm die Posteriora gezeigt und seiner gespottet. Abends vor seinem Ende war er mit Doktor Jonas und Michael Cölius, seinen Hausgenossen, heimlich guter Dinge, und da er sich nach gehaltenem Abendmahl hat wollen zur Ruhe legen, hat er folgenden Vers mit Kreide an die Wand geschrieben: Im Leben war ich, o Papst, deine Pest, im Tode werde ich dein Tod sein‘. In der folgenden Nacht trat seine Seele vor den ewigen Richter."

Ein Berichterstatter über Janssens Buch hat hierüber gesagt: „So fährt Luther schließlich im Vorgefühl der seiner harrenden Höllenpein zum Teufel". Das wird auch noch mancher andere katholische und protestantische Leser zwar nicht im gedruckten Text, aber zwischen den Zeilen Janssens gelesen haben. Janssen freilich ruft mit scheinbarem Entsetzen aus: „das also soll in meinem Buche stehen"! [1])

Fabricirt aber hat Janssen diesen Schluß folgendermaßen. Er fand in einer lange Jahre nachher verfaßten Erzählung Ratzebergers (der nicht etwa, wie es bei Janssen scheinen könnte, damals als Arzt bei Luther sich befand) jene Erscheinung des Teufels als „Sage"[2]) vor, eine Sage, die offenbar aus der vorhin von uns erwähnten Aeußerung Luthers gegen seine Freunde entstanden war. Er las bei Ratzeberger zugleich, daß der Teufel dort Luthers gespottet habe, „daß er nichts (mit seinen Versöhnungsversuchen) ausrichten würde". Er sah, daß dieß mit dem Abend vor Luthers Ende gar nichts bei Ratzeberger zu thun hat. Er aber hat nun dennoch die frühere Angabe („Vor seinem Tod") mit der Angabe über Luthers Ende („Abends") unmittelbar und in seinen Anführungszeichen so verbunden, daß der Leser sie nothwendig für zusammengehörig ansehen muß.[3]) Da

---

[1]) An m. Kritiker S. 107.
[2]) Ratzeberger, Handschriftliche Geschichten 2c. S. 133: „Man saget, — Dr. Lutherus habe — den Satanam — gesehen."
[3]) Daß Janssen für das, was er so im Text mit Anführungszeichen verbindet, unter dem Text doch auf zwei verschiedene Seiten des den Wenigsten zugänglichen Ratzeberger'schen Buchs verweist („Ratzeberger 133. 137"), thut natürlich nichts zur Sache, wenn auch er sich darin eine Hinterthür gegen seine Kritiker mag vorbehalten haben.

erscheint denn der Teufel so, als ob er den unseligen, schon bisher von Gewissensqualen gepeinigten Reformator vor seinem Ende noch einmal höhnisch begrüßte. Dagegen müßten wir auch nach der von Ratzeberger angeführten Mähre vielmehr sagen, daß der Teufel selbst mit jenem Spott bei Luther noch gründlich zu schanden geworden sei.

Wenn sodann nach Ratzeberger Luther am letzten Abend mit seinen Freunden noch „heimlich" guter Dinge war, so wird Janssen wissen, daß damals „heimlich" sehr oft und so ohne Zweifel auch hier die Bedeutung von „traulich" hat, in welcher es ja auch jetzt noch wenigstens in vielen deutschen Dialekten gebraucht wird. Er wird aber auch nicht minder wissen, daß die Masse seiner Leser es nur im Sinn unserer heutigen Schriftsprache verstehen könne und dann ganz nach seinen eigenen sonstigen Nachreden über Luther deuten werde.

Darüber, was Luther bei jenem heimlichen Zusammensein geredet, haben wir auch noch Aufzeichnungen, welche überhaupt über seine letzten Stunden gleich nachher gemacht worden sind, deren Glaubwürdigkeit noch niemand anzuzweifeln vermochte, deren originelle Lutherworte auch nicht erfunden werden konnten. Nach ihnen hat Luther dort neben heiteren Scherzen namentlich auch noch schöne ernste Reden über das Leben im Jenseits geführt und über den von ihm selbst ersehnten Heimgang. Nachher, nachdem er noch gebetet, begannen die Beklemmungen der Brust und des Herzens, welche bei ihm zum Ende führten. An die Wand hat er nichts mehr geschrieben oder schreiben können; sondern bei Ratzeberger waltet hier eine Verwechselung mit einem viel früheren Vorgang ob. Gedankt jedoch hat Luther allerdings auch noch unter den letzten leiblichen Beklemmungen dem Gott und Heiland, den er habe predigen dürfen, während der leidige Papst denselben schände. In aller Ruhe hat er diesem Gott seinen Geist oder, wie er sagt, sein „Seelichen" befohlen und des Spruches: „Also hat Gott die Welt geliebt u. s. w.", den er sein bestes Arzneimittel zu nennen pflegte, sich getröstet. Darnach ist er eingeschlafen.

Janssen war in Ratzebergers Bericht ausdrücklich auf diese authentischen Aufzeichnungen der dort Anwesenden hingewiesen und hatte sie auch unter den von ihm aufgeführten Hilfsmitteln (in Luthers Werken von Walch) vor sich. So können wir bezüglich ihrer nur wiederholen, was wir so oft über sein eigenthümliches Schweigen und Verschweigen zu bemerken hatten. Ueber den Schluß aber, den er so seiner Erzählung von Luthers Person und Wirken gegeben hat, dürfen wir ja nun wohl sagen: Finis coronat opus.

Dieß also ist das schöne große Werk, das auch wir evangelischen Protestanten in unseren Häusern und auf unserem Weihnachtstisch begrüßen, dieß das Bild unseres Luther, welches wir beim Jubiläum seiner Geburt uns vor Augen stellen sollen, wenn wir auch die älteren päpstlichen Lügen über ihn uns verbitten dürfen. So „befürwortet" Janssen, wie er sagt[1]), von Herzen ein einheitliches Zusammengehen der christlichen Konfessionen den Feinden einer jeden Kirche gegenüber.

Im Vorstehenden habe ich nur einen großen Ausschnitt aus jenem Werke den Lesern vorgeführt. Es wird aber genügen, sie auch bei jedem Schritt, den sie durch den übrigen darin zusammen verarbeiteten Stoff thun mögen, vorsichtig zu machen. Namentlich gilt dieß auch für die Schilderung der Gesammtzustände vor der Reformation im ersten Bande, womit wir uns hier nicht zu beschäftigen hatten; besonders hier wird übrigens eine wahrhaft geschichtliche Forschung und Darstellung auch positiv noch weiter zu arbeiten haben.

Die Janssensche Kunst wird keinen, der einmal ihr Verfahren beobachtet hat, berücken. Schon vor Jahren hat gegen Döllinger, der damals von den Römlingen nicht minder und immerhin mit mehr Recht als jetzt Janssen wegen seiner historischen Leistungen verherrlicht, seither aber mit Rom und auch mit Luther noch gründlicher bekannt geworden ist, der Theologe J. Chr. K. von Hofmann[2]) gezeigt, wie man auch z. B. vom großen Apostel Paulus aus den apostolischen Quellen selbst heraus ein abschreckendes Zerrbild leicht zurecht machen könne. Es ließe sich auch eine neuere jüdische historische Darstellung anführen, welche Jesus selbst, auf ältere Lügen über ihn verzichtend, jetzt allen Ernstes und mit großer Zuversicht so behandelt, die Pharisäer und Schriftgelehrten aber als die echten Vertreter des Heiligthums, von welchen jener in Selbstüberhebung sich losgerissen habe, und zugleich als die wahren Männer des Fortschritts verherrlicht.

---

[1]) An m. Kritiker S. 2.
[2]) Hofmann, Paulus, eine Döllingersche Skizze 1851.

Ueber den Künstler, der dieses Werk über Luther geschaffen, enthalte ich mich eines Endurtheils. Er selbst sagt einmal: „Anklage auf Perfidie ist wohl das alleräußerste, was gegen einen Historiker vorgebracht werden kann." Er selbst erwähnt an einer andern Stelle ein Wort E. von Hartmanns über „Resultate eines unbewußten Denkprozesses".[1]) Auch bei historischen Darstellungen, die man für grobe Entstellung erklären muß, wird man doch oft schwer, ja gar nicht entscheiden können, wie weit die Wahrheit eines vorgesteckten Zieles wegen mit Bewußtsein verleugnet worden ist, oder wie weit ein aus Vorurtheil, Abneigung und heißem oder kaltem Fanatismus hervorgehender Trieb einen Verfasser ohne die genügende Besinnung geleitet hat, verbunden mit allzugroßer Hast und allzugeringer Gründlichkeit im Zusammenraffen und Lesen des Materials überhaupt. Und besonders schwer müßte eine solche Entscheidung bei einem Manne sein, der vermöge eines festgewurzelten und auch ehrlichen Glaubens an die päpstliche Autorität nun einmal alles Böse, was vom päpstlichen Stuhl aus über Luther, die Reformation und den Protestantismus proklamirt worden ist, für recht und wahr annehmen muß.

Einem solchem Standpunkt gegenüber können wir auch auf keine Verständigung hoffen. Ebenso wenig oder noch weniger ist daran natürlich zu denken bei einer ultramontanen Presse, welche diesem Meister einfach zujubelt, seinen feineren Nachreden gegen Luther und den Protestantismus unter Berufung eben auf ihn wieder plumpe Schmähreden im alten Stil folgen läßt[2]) und über seine Gegner, während er selbst seiner gekränkten Unschuld einen würdevollen Ausdruck gegen sie zu geben sich bemüht, in ganz anderen

[1]) A. a. O. S. 182. 26.
[2]) Großes darin wird uns neuerdings (von der Schlesischen Volkszeitung, vgl. Beil. zur „Post" vom 20. Januar d. J.) fürs Lutherjubiläum angekündigt: „Der nöthige Stoff", heißt es, „liegt in populärer Form präparirt bereits in den Redaktionspulten sämmtlicher katholischen Zeitungen zur Verfügung." Welcherlei Stoff das ist, davon hat uns jene Zeitung z. B. schon am 5. December des vorigen Jahres eine Probe gegeben in dem Diktum: „Luther hat die Magd als tertium quid mit in die christliche Ehe zugelassen." Und eben jene Zeitung vertraut darauf, daß „jetzt in den weitesten Kreisen Luthers Leben nach Janssen fleißig studirt werde." So zieht man dort aus Janssens „Mittheilungen", um wieder seinen eigenen Ausdruck zu gebrauchen, „die letzten Folgerungen". Und er selbst läßt sich beruhigt von diesen sauberen Nachfolgern als ihr Haupt feiern.

Tonarten herfällt,¹) dabei aber nirgends eine eigene ordentliche Lektüre ihrer Schriften oder gar der von ihnen und Janssen gemeinsam benützten Quellen verräth.

Dürfte ich indessen eine Wirkung auf katholische Freunde der Wahrheit hoffen, so möchte ich mir nur wenigstens die wünschen, daß sie einmal unbefangen Hauptschriften Luthers aus den verschiedenen Gebieten seines Wirkens ganz läsen und selbst auf sich wirken ließen. Was die Auffassung Luthers und seiner Geschichte im einzelnen betrifft, so habe ich in meiner noch vor Janssens Werk erschienenen Lutherbiographie, soweit ich sehe, schon alle diejenigen Hauptstellen Luthers, aus welchen Janssen sein Bild zusammengearbeitet hat, selbst auch benützt und vorgetragen, nur eben in anderer Weise, nämlich in dem, wie ich meine, von Janssen zerrissenen Zusammenhang, welchen sie in sich und unter einander und mit anderen von Janssen ganz unterdrückten Stellen und Thatsachen haben. Ich weiß recht wohl, daß den Versuchungen, die dem Historiker auf einem solchen Gebiete drohen, und namentlich den Wirkungen eines „unbewußten Denkprozesses" auch ich ausgesetzt bin und vielleicht nicht immer genügend widerstanden habe. Dennoch darf ich eine prüfende Vergleichung mir auch von Seiten solcher Katholiken getrost wünschen.

Wir Protestanten aber wollen uns weder an unserm Luther irre machen, noch auch in der Unbefangenheit unserer weiteren Arbeit stören und Janssen gegenüber auf ähnliche Wege verführen lassen.

Wie die religiöse Wahrheit, so soll ja auch die geschichtliche uns heilig sein. Auch für sie gilt uns, was Luther uns singen gelehrt:

„Das Wort sie sollen lassen stahn."

---

¹) Eine Nummer der „Germania" (vom 14. Nov. 1882), die ich aus einem Haufen ultramontaner, mir von einem Freunde vorgelegter Blätter zufällig zuerst herausgegriffen habe, enthält auf dem Raume von ein paar Spalten in einem Artikel gegen den Historiker Baumgarten der Reihe nach folgende Tonproben: „Jämmerlichkeit seiner Kritik"; — „er ist viel zu unbedeutend, von den Ultramontanen gehaßt zu werden, wenn sie überhaupt ihre Gegner hassen würden"; — „eine solche Polemik ist geradezu bübisch"; — „unendlich kläglich"; — „logischer Hammelsprung"; „lächerliche Hyperbel"; — „bodenlose Erbärmlichkeit dieser Kritikasterei." So redet dieses Blatt, nachdem es am Tag zuvor über den Hofprediger Dr. Baur sich aufgehalten hatte, weil er ein „Hofprediger mit ungeschlachten Manieren" sei, ungeschlacht nämlich gegen Janssen.